江西省教育科学"十三五"规划研究课题（课题编号：20P

追本溯源
一以贯之

——基于"做中学"的初中数学
实验教学课例研究

钟敏 编著

东北师范大学出版社

长 春

图书在版编目（CIP）数据

追本溯源 一以贯之：基于"做中学"的初中数学实验教学课例研究 / 钟敏编著. —长春：东北师范大学出版社，2023.8
ISBN 978-7-5771-0526-0

Ⅰ.①追… Ⅱ.①钟… Ⅲ.①中学数学课—实验课—教案（教育）—研究—初中 Ⅳ.①G633.602

中国国家版本馆CIP数据核字（2023）第162981号

□责任编辑：石纯生　　　　　□封面设计：言之凿
□责任校对：刘彦妮　张小娅　□责任印制：许　冰

东北师范大学出版社出版发行
长春净月经济开发区金宝街 118 号（邮政编码：130117）
电话：0431-84568023
网址：http://www.nenup.com
北京言之凿文化发展有限公司设计部制版
北京政采印刷服务有限公司印装
北京市中关村科技园区通州园金桥科技产业基地环科中路 17 号（邮编：101102）
2023年8月第1版　2023年10月第1次印刷
幅面尺寸：170mm×240mm　印张：15.5　字数：259千

定价：58.00元

编 委 会

前 言

《义务教育数学课程标准（2011 年版）》明确提出，要重视直观，处理好直观与抽象的关系；要重视直接经验，处理好直接经验与间接经验的关系。这意味着我们在教学中要重视数学实验教学，让学生在数学实验中获得直接经验。而对于一线的初中数学教师而言，迫切希望有一本能够指导他们进行数学实验教学的手册，这本《追本溯源 一以贯之——基于"做中学"的初中数学实验教学课例研究》应运而生。

数学作为一门学科，由观察、实验、发现、猜想等部分组成，由于现代信息技术的快速发展，数学已经向理论与实践相结合的方向发展，数学实验教学则是在上述基础之上形成的一种让学生通过自己的动手操作，进行探究、发现、思考、分析、归纳等思维活动，最后解决问题的一种教学过程，是学生将合情推理与演绎推理相结合的过程，是学生获得感性认识并使感性认识向理性认识发展的过程。

为了落实"立德树人"的根本任务，培养学生数学核心素养，在初中数学教学中增设数学实验课十分必要。基于"做中学"的初中数学实验教学可以使学生体验和感悟数学的两个侧面，让学生亲历"数学发明创造的过程"，有助于学生对数学概念、规律及其本质产生过程的了解和掌握，有助于培养学生分析、概括、归纳和交流的能力。"做数学"的目的不仅在于让学生掌握"四基"，更在于提高学生的"四能"，"做中思"可使学生在掌握发现与提出问题、分析与解决问题的方法后，能独立开展数学研究，升华数学核心素养。

目前，很多教育发达的省、市对数学实验的探讨研究已经发展到一定程度，为更好地提升本地区数学实验教学的研究热度和课程推广力度，由江西省初中数学特级教师、九江市同文中学钟敏老师主持研究的省级重点课题"基于'做中学'的初中数学实验教学课例研究"以培养学生数学核心素养为目标，基于

"做中学"理论，开展北师大版初中数学实验课程资源的开发与利用、数学实验教学的模块设计以及相关教学策略等方面的研究，本书为其研究成果。

本书对现有教材进行实验素材筛选和挖掘，依据"数与代数""图形与变换""概率与统计""综合与实践"四个板块，挑选典型素材进行课程设计，分类制定初中数学实验教学实施范式。该范式以杜威"做中学"理论中主张的教学步骤"真实情境—发现问题—占有资料—提出假设—检验想法"为原型进行研究。最后，通过确定实验目录清单的方式系统开发北师大版初中数学教材配套实验，针对实验课程课时紧张这一现状，采用校本课程的方式加以推广实施。

同时，课题组以教学组织取得效果、获得效用、体现效率为考量，从借助教学实验（情境导入、发现问题）激发学生数学学习兴趣，借助教学实验（大胆猜想、提出问题）拓展学生数学思维能力，借助教学实验（动手操作、解决问题）提升学生实践应用能力这三个层面研究初中数学实验教学策略，指导教师开展有效数学实验教学活动。通过研究充分挖掘数学实验发展学生核心素养的教育价值，促进教师专业发展，有力地提高教师的自我反思能力和数学教学研究能力。

陶增元

2022 年 8 月

■ 陶增元简介

陶增元，男，民盟盟员，江西省九江市第十一中学正高级教师，江西省特级教师，九江市首届名师工作室主持人，华中师范大学考试研究院特聘研究员，九江学院兼职教授，南昌师范学院"国培计划——江西省乡村中小学教师送教下乡项目"培训团队专家，景德镇学院"国培计划——江西省中小学教师送教下乡示范项目"授课教师，九江学院基础教育研究所兼职研究员，江西省教材教辅评审专家，江西省科普大使，江西省优秀科技辅导员，"市民最感恩的教师"。

目 录

CONTENTS

第一章 问题的提出

第二章 数学实验概述

第三章 数学实验教学在中学教学实施中的常见教学模式及教学策略研究

第四章 初中数学实验课例教学案例

第一章

问题的提出

第一节　研究背景及国内研究现状

为落实党的十八大提出的"立德树人"的教育根本任务，教育部于2014年发布《关于全面深化课堂改革　落实立德树人根本任务的意见》，提出要研究制订学生发展核心素养体系。自此，"核心素养"迅速成为基础教育界的热词。

初中数学新课程改革标准明确指出，在义务教育阶段开展数学教育活动，不仅要使学生掌握有价值的数学知识，更需要在教学过程中使学生得到全面、可持续发展。在初中数学教学活动中，教师不仅要遵从数学教学活动自身的特点与规律，还要从学生的数学认知结构、心理发展规律出发，将与学生生活息息相关的内容引入课堂，引导学生在亲身体验的过程中将具体的数学问题抽象为数学模型，以此培育学生的科学精神和创新意识。

用数学的眼光观察世界，用数学的思维分析世界，用数学的语言表达世界成为落实数学核心素养的最佳诠释。数学抽象、逻辑推理、数学建模、数学运算、直观想象、数据分析成为承载数学核心素养的六个重要方面。如何在数学课堂教学中发展学生的核心素养是我们课堂教学中所面临的挑战。

《义务教育数学课程标准（2011年版）》指出："教师应激发学生的学习积极性，向学生提供充分从事数学活动的机会，帮助他们在自主探索和合作交流的过程中真正理解和掌握基本的数学知识与技能、数学思想和方法，获得广泛的数学活动经验。学生是数学学习的主人，教师是数学学习的组织者、引导者与合作者。"

由此可见，学生是学习的主体，数学学习中的概念理解与问题求解，哪一样也离不开学生的主动参与。而传统教学中一个难以克服的困难就是学生缺乏足够的活动与实验，教师往往用自己的讲授代替了学生自身的建构过程，在课堂上提供的思维材料十分贫乏。比如，数学教学偏重于形式化的逻辑推导和结论的得出，相对忽视了数学学习中对数学知识发现过程的展示和数学知识的直观性背景的介绍，数学学习在很大程度上仍停留在教师的"授"与学生的"受"的层面，给学生的学习带来了许多潜在的困难。更令人担忧的是，这种不重视数学知识的背景，忽略知识产生过程的教学现象，对学生的非逻辑数学学习能力的培养是不利的。同时，传统教学的一些不良现象的不断出现，造成学生忽视对数学基本概念、基本原理的理解和建构过程，对学生的学习兴趣及创新思维能力的培养是不利的。

随着新课改的不断深入，数学实验教学成为有效的教学方式之一，正广泛用于初中数学的课堂教学中，并取得了一定的成效。

数学实验诞生于20世纪80年代末的美国，于90年代引进我国。1995年，数学实验被列入国家教委组织实施的"高等教育面向21世纪教学内容和课程体系改革"计划，并于1998年在部分重点高校作为数学基础课正式实施。2001年，林夏水先生在《计算机实验》报告中建议可以在中学开设数学实验，自此数学实验开始走进义务教育的学校和课堂。

随后，各路学者展开了对中学数学实验教学的研究。殷红、李忠海提出数学实验有创设情境、动手操作实验、提出假设、验证提出的猜想四个基本环节。2007年王健将数学实验的环节细化到了七个：提出问题、开展实验、观察规则、得出假设、进行交流、实验验证、形成新知识。2011年童兰金又以不同手段为分类标准，分别探讨了种种教学模式：常规性实验教学、假设性实验教学、计算机实验教学、模拟性数学实验、游戏实验教学。

2009年，董林伟的"动手做数学"掀起了初中数学实验教学的高潮，带动了一大批教师投入初中数学实验教学的研究与探讨。董林伟的《初中数学实验教学的理论与实践》更是对初中数学实验教学进行了较为系统的解释，为一线教师进行深入教学提供了范本，使得初中数学实验教学更为科学、有序、规范。福建省福州第八中学建立了全国第一家中学数学实验室，江苏省盐城市毓龙路实验学校和连云港海州实验中学相继成立了数学实验室。

随着数学实验的发展，江苏、广东、上海等教育发达省市探讨并研发了一系列数学实验教材，如江苏凤凰科学技术出版社出版的《数学实验手册》、广东高等教育出版社出版的《高中数学实验指南（必修部分）》、福建厦门双十中学校本教材《高中数学实验》等。这些数学实验教材将初、高中的数学实验整理成册，系统、规范地指导教师开展数学实验。

随着一些大型研究项目的推进，一些学校将数学实验作为数学选修课、兴趣课、研究性课程，数学实验作为一种课程体系开始进入人们的视野。以传统型数学实验中的折纸实验为例，黄燕苹、李秉彝等人 2009 年在西南大学附属中学设立了折纸与数学思维活动室，固定开展折纸与数学思维课程。徐晶从折纸校本教材开发与应用、实施情况等方面开展研究。这些实证研究丰富了折纸实验课程的开发，丰富了数学实验课程。同样，关于超级画板、手持图形计算机等应用的实证研究也进一步补充完善了数学实验课程体系。由此可以看出，当下的数学实验课程研究更注重数学实验课程的整体设计与特定数学实验课程的深度开发。

综上所述，数学实验课程的开设已经由高等教育逐步向初等教育延伸，这既是课程变革的表征，也是学科发展的需求，更是培养学生核心素养的重要体现。初中阶段数学实验课程的开发及课程实施已经陆续在许多省份铺开，着眼于实验教学的研究也各有特色。鉴于此，课题组以杜威的"做中学"理论为基础，结合以下几个方面开展研究：①数学实验课程设计的主体框架；②配套北师大版初中数学教材的实验校本课程开发；③提高数学实验课教学实施有效性的优化策略。

第二节　研究依据及内容

一、"做中学"的数学实验符合课程标准的理念

《义务教育数学课程标准（2011 年版）》中出现了"基本活动经验"的新目标，提出了"学生应当有足够的时间及空间去经历观察、实验、猜想、计算、推理、验证等活动课程"，肯定了"动手实践"也是数学学习的一种重要方式。同时，新课程"以学生发展为本"的理念在《基础教育课程改革指导纲要（试行）》里也曾出现，要求"改变课程实施过于强调接受学习、死记硬背、机械训练的现状，倡导学生主动参与、乐于探究、勤于动手"。数学实验正是为了探究数学知识，验证数学假设或结论，学生通过观察、操作、实验等实践活动，进行某种操作或者思维活动的自主学习方式。不同于学生被动地接受教师的"满堂灌"，数学实验课学生以自身的"数学现状"为出发点，需要学生通过自主动手、动脑，借助观察、模仿、猜想、实验等方式或途径，去积累数学经验，达到建构起自己的数学结构系统的目标。为了达到数学课程标准与课程改革指导纲要的要求，在初中数学教学中增设数学实验课，既有助于有效改进学生学习数学的方式，又有助于转变教师的教学观念，改善教师的教学方式，从而提高教学质量。

二、"做中学"的数学实验满足初中生发展的需要

初中阶段是培养学生数学能力，提高学生创造能力、创新能力的重要阶段。初中生正处于青春期，精力旺盛，喜欢参加各类活动，数学实验正满足了他们的这种需要。而且初中生兴趣广泛，思维敏捷，可塑性强，求知欲高，数学实验可让他们充分感受到充实感和满足感，同时让他们愿意进一步尝试，继续努力寻求成功。初中数学实验要求学生在学习过程中独立思考，自主探究，在自主学习中形成独立思考的本领和意识；尤其开放性问题的实验答案具有多样性，让学生在各自能力范围内参与问题的解答，使教学活动可以同时适应不同层次学生的个

性和差异。发现和解决问题是数学实验的核心，也是思维的核心，它要求学生全面观察、广泛联想、多角度思考，因此通过数学实验，能够帮助学生联系实际，使学生关注周围的事物，发展学生助人为乐的品德，培养学生思维的深刻性。

三、以北师大版初中数学教材为基点如何开发和利用实验资源

目前，本地区各初级中学数学教学均使用北师大版义务教育教科书，该教材课程理念先进，编排合理，大部分课时设计了问题情境，如做一做（探究活动）、议一议（合作学习）、读一读（课后拓展）、课题学习（活动与实践）等内容，为数学实验的资源开发提供了良好的基础和拓展空间。本课题将对现有北师大版初中数学教材进行实验素材筛选和挖掘，依据"数与代数""图形与变换""概率与统计""综合与实践"四个板块，挑选典型素材进行课程设计，分类制定初中数学实验教学实施范式。该范式以杜威"做中学"理论主张的教学步骤"真实情境—发现问题—占有资料—提出假设—检验想法"为原型进行研究。最后，通过确定实验目录清单的方式系统开发北师大版初中数学教材配套实验，针对实验课程课时紧张这一现状，采用校本课程的方式加以推广实施。

四、在初中教学中如何有效开展数学实验教学

虽然大多数教师认为开展数学实验是非常有必要的，但在实践中，数学实验却很少被开展或流于"热闹"的"动手操作"的形式。已有研究表明，出现上述现象的主要原因有三个：一是数学教师对数学实验的认识不足。这表现为担心数学实验教学费时太多，影响教学的进度与质量，进而影响中考。二是数学实验的能力（学生的学力和教师的教力）不足。教师缺乏数学实验的教学经验。三是数学实验的"软硬件"不足，其中，"硬件"是指计算机（包括图形计算器）、测量工具等，"软件"指教材中缺少实验的内容和素材。有效教学包括有效果、有效用、有效率三大内涵。本课题将以教学组织取得效果、获得效用、体现效率为考量，从借助数学实验（情境导入、发现问题）激发学生数学学习兴趣，借助数学实验（大胆猜想、提出问题）拓展学生数学思维能力，借助数学实验（动手操作、解决问题）提升学生实践应用能力这三个层面研究初中数学实验教学策略，指导教师开展有效的数学实验教学活动。本课题旨在通过研究充分挖掘数学实验发展学生核心素养的教育价值，促进教师专业发展，有力提高教师的自我反思能力和数学教学研究能力。

第三节 研究意义与价值

数学实验教学强调学生学会从现实生活中发现问题,寻找规律、法则,让学生学会学习,从教师的行为转到学生的活动,并且从感性的效应转变为实践的效应。数学教学必须通过学生主动的活动,包括观察、描述、操作、猜想、实验、收集整理、推理、交流和应用等,让学生目睹数学过程形象而生动的性质,亲身体验"做数学",实现数学的再创造,并从中感受到数学的力量,促进数学的学习。

一、数学实验教学符合课标理念的要求

课标要求,学生的数学学习内容要有利于学生主动地进行观察、实验、猜测、验证、推理与交流等数学活动。内容的呈现应采用不同的表达方式,以满足多样化的学习需求。有效的数学学习活动不能单纯地依赖模仿与记忆,动手实践、自主探索与合作交流同样是学生学习数学的重要方式。由于学生所处的文化环境、家庭背景和自身思维方式不同,学生的数学学习活动应当是一个生动活泼的、主动的并富有个性的过程。数学实验教学是建构主义下的学生学习活动和教师教学策略的集中体现,是实现数学知识再创造的有效途径。实施数学实验教学符合课标的理念与要求。

二、初中数学实验教学符合初中生的年龄特征

大多数小学生学习数学轻而易举,而进入初中后,随着知识的深入,代数、几何的出现,学生的已有经验明显不足,数学学习遇到困难。因此,在初中数学课堂教学中恰当地引入数学实验,帮助学生从形象思维向抽象逻辑思维过渡,是符合学生的年龄特点的。在课堂教学中引入数学实验是引导学生发现问题、

提出猜想、验证猜想和创造性地解决问题的有效途径，也是完善学生认知结构，提高学生数学素养，并使学生全面认识数学的重要途径。

三、初中数学实验教学改变了学生学习数学的方式

首先，学生的数学学习方式从"听"数学，转变为在教师的指导下"做"数学。过去被动地接收"现成"的数学知识，而现在像研究者一样去发现探索数学知识。其次，数学实验缩短了学生和数学之间的距离，使数学变得可爱、亲近了。

四、初中数学实验教学能培养学生可持续发展的能力

初中数学实验教学能培养学生可持续发展的能力，具体表现为：

（1）数学实验教学可激发学生的数学学习兴趣。

（2）数学实验教学可调动学生全员参与，培养学生的协作精神。

（3）数学实验教学可培养学生良好的数学学习习惯。

（4）数学实验教学可培养学生的创新精神。

（5）数学实验教学可提高学生的实践能力。

（6）数学实验教学可突破课堂中的教学难点。

（7）数学实验教学可激励学生在生活中应用数学。

（8）数学实验教学可使学生发现几何问题解决的方法和规律。

第二章

数学实验概述

第一节　数学实验的内涵

提起实验，人们就会想到物理实验、化学实验，似乎实验与数学没有关系。长期以来，人们都以为数学是算出来的，不需要实验，然而，这是一种误解。其实我们的祖先从结绳计数开始就在进行着数学实验，并且通过实验不断地发展数学。

一、什么是数学实验

数学作为一门学科，由观察、实验、发现、猜想等部分组成。由于现代信息技术的快速发展，数学已经向理论与实践相结合的方向发展，在此基础上诞生了数学实验的概念。

（一）数学实验的特点

数学实验属于科学实验，它应该具有科学实验所具有的特点。

（1）《中国百科大辞典》把数学实验解释成：数学与计算机结合起来的新型"实验"方法。

（2）《数学辞海》把数学实验作为数学哲学的基本概念，指因计算机科学发展而产生的一种新的数学研究方法，它是同计算机一同发展的产物。

（3）有学者认为，数学实验是为了实现研究目标、获取数学理论、证明数学猜想、解决数学问题，借助一定的技术和物质手段，在某个特定的实验环境中，进行的探索实践活动。

（4）还有学者的看法是，数学实验指的是通过数学理论的导学，在一定的实验环境中，教师通过引导和组织，让学生积极地参与解决一系列数学问题的活动，这里的活动包括学数学，做数学，用数学。

（二）对数学实验的理解

（1）教师在数学实验教学中起主导作用，教师的主导是数学实验活动的主要因素。学生是数学实验教学积极的参与者、实践者，也是数学实验教学中最活跃的因素。

（2）数学实验的目的是激发学生对数学的兴趣，培养学生观察、实验、猜测、验证的能力，提高学生的综合素质。

（3）数学实验要借助现代信息技术，如计算机、大数据等技术手段，不仅注重实验的结果，而且关注实验的过程，认为过程结果同等重要。

二、什么是初中数学实验

初中数学实验既有科学实验的特点，又有数学实验的特点，同时有它独有的特殊性。这种特殊性源自初中数学新课程的特性和初中学生的特性。

第一，课程标准要求，初中数学要回归本真，关注每一个学生，使学生多积累基本活动经验，把"听"数学转变为"做"数学，把"被动接受"转变为"主动探究"。

第二，初中生的思维模式还处在过渡期，学生之间的差异很大，抽象思维能力还有待进一步提高，所以必须借助实物模型，形象化地来了解知识，体验发现数学的乐趣，感悟数学原理的真谛，发展数学思维的智慧。

根据《义务教育数学课程标准（2011年版）》提出的总目标，结合现代初中生的心理特点、年龄特征，我们对初中数学实验做如下界定：初中数学实验是学生为了获得某个数学概念，探索或者验证某个数学猜想，解决某个数学问题，得到某个数学结论，在教师的组织与指导下，通过动手、动脑，运用相关工具，如纸片、剪刀、三角板、直尺、圆规、七巧板、立体模型、计算机、几何画板等，进行的全员参与的数学验证或探究活动。

三、什么是数学实验教学

数学实验教学就是让学生通过自己的动手操作，进行探究、发现、思考、分析、归纳等思维、实践活动，解决某一数学问题的教学过程。数学实验教学可以使学生体验和感悟数学的不同侧面，让学生亲历"数学发明创造的过程"，有助于学生对数学概念、规律及本质产生过程的了解和掌握；有助于学生对"数学源于生活，高于生活，又指导生活"的理解；有助于培养学生自觉学习和应用数学的意识；有助于培养学生分析、概括、归纳和交流的能力。

第二节　研究的理论基础

一、杜威的"做中学"理论

杜威是早期致力于探究法的人士之一。他针对脱离儿童生活经验、纯知识灌输的美国传统教育，提出以儿童为中心、从"做中学"的主张。杜威认为，科学的教育不仅应是让学生记忆百科全书式的知识，也应是一种过程和方法。他主张教学应当遵循以下步骤："真实情境—发现问题—占有资料—提出假设—检验想法。"

"做中学"理论带给数学实验教学的启示如下。

（一）以杜威的"做中学"理论为基，研究数学实验课程设计的主体框架

数学实验设置的初衷与"做中学"主张不谋而合，研究数学实验课程教学主体框架，构建符合学生发展规律的教学实施步骤，帮助学生培养思维的深刻性是本课题的首要问题，因此"做中学"的理论可以作为本研究的理论基础。

（二）"做中学"的内涵

"做中学"即"做数学"与"学思考"的统称，"做数学"是手段，"学思考"是旨归。"做数学"是显性活动，"学思考"是隐性活动。所谓"做数学"，是指学生运用材料、工具，在动手、动脑相协调的过程中，理解数学知识，发现数学规律（关系），创造性地解决问题，发展数学核心素养。"做数学"的本质特征为手脑协同，启思明理。"学思考"即学习思考的方法。因为"做数学"的目的不仅在于掌握"四基"，更在于提高"四能"，这就要求学生在"做数学"的过程中"学思考"，掌握发现与提出问题、分析与解决问题的方法后，独立开展数学研究，这正是数学核心素养的体现。

数学实验并不是不要知识，不要演绎证明，而是更注重学生在实验情境中的"做中学"：经历知识形成的过程。科学设计的实验教学能够拓展学生的思维活动空间，使学生的思维更具深刻性和批判性。同时，数学实验不仅仅关心学习者"知道了什么"，更关心学习者"知道了多少""怎样知道的"。数学实验更注重追求探索、发现和创造，正如荷兰数学教育家弗赖登塔尔反复强调："学习数学的唯一正确方法是实行'再创造'，也就是由学生本人把要学的东西自己去发现或创造出来，教师的任务是引导和帮助学生去进行这种再创造的工作，而不是把现成的知识灌输给学生。"学生在数学实验中往往能够获得解决问题的数学精神和乐趣。

（三）"做数学"中要"学思考"

1. 这是由数学课程的性质决定的

数学是研究数量关系和空间形式的科学，数学源于人们对现实世界的抽象，人们基于抽象结构，通过符号运算、形式推理、模型建构等，理解和表达现实世界中事物的本质、关系和规律。由此可见，无论是数学抽象，还是理解和表达现实世界中事物的本质、关系及规律，都离不开思考。因此，数学在形成人的理性思维、科学精神和促进个人智力发展中发挥着不可替代的作用。

2. 这是由教学的本质决定的

《义务教育数学课程标准（2011 年版）》在"课程基本理念"中指出："教学活动是师生积极参与、交往互动、共同发展的过程。有效的教学活动是学生学与教师教的统一，学生是学习的主体，教师是学习的组织者、引导者和合作者。"为此，教师要把教学活动的重心放在促进学生学会学习上，即加强学法指导，帮助学生养成良好的数学学习习惯。

3. 这是由数学教学的本质决定的

"数学教学是数学活动的教学。"数学活动是学生经历数学化过程的活动，也是学生自己建构数学知识的活动，它们都离不开数学思考。

4. 这是由学生学习数学的特点决定的

学生的学习过程充满观察、实验、猜想、验证、推理、交流和反思等丰富多彩的数学活动，在此过程中，学生亲身体验如何"做数学"，如何实现数学的再创造，在此经验基础上建构对数学的理解，提出并解决问题，发展数学核心素养。所以，教思考比教结论更重要。（图 2 - 2 - 1）

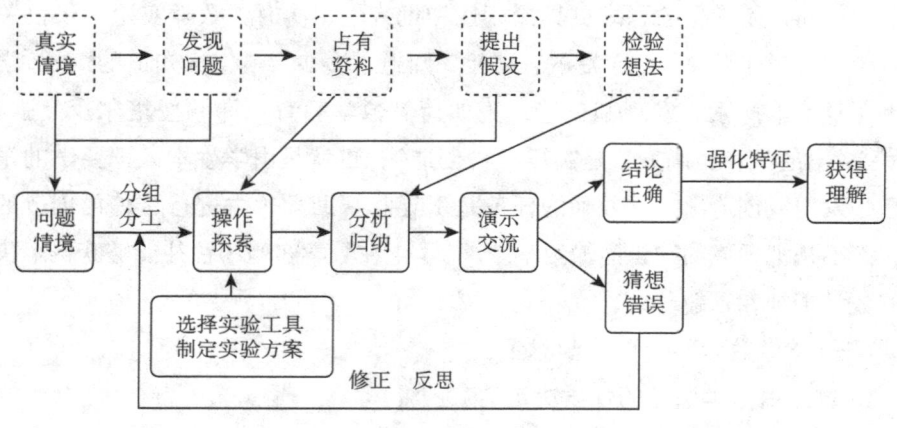

图 2 - 2 - 1

二、人本主义教学理论

该理论主张从人的直接经验和内部感受来了解人的心理，具体到学习，强调在教学中关注学生的本性、尊严、兴趣等。人本主义教学理论认为，教育的作用在于提供一个安全、自由、充满人情味的心理环境，使人类固有的优势潜能能自动得以实现。在教学中应在了解学生特点和知识内容的基础上创设激发学生学习愿望和潜能的条件，教师不仅要教给学生知识，更重要的是教会学生如何学习。人本主义教学理论还主张在教学中以学生的自我完善为核心，强调学生的互助合作等人际关系的重要性。

人本主义教学理论的主张带给数学实验教学的启示：

（1）数学实验教学要注重教学情境的创设。

（2）数学实验教学应营造师生间和谐的学习氛围。

（3）教师在数学实验教学中重视学生交流与合作能力的培养。

三、建构主义教学理论

该理论对数学教学的指导意义很大。建构主义教学理论认为，学生的数学学习是在教师的引导下，通过亲自参与、探索而主动建构数学知识的过程。建构主义教学理论还认为，数学教学中的数学学习是学生在已有的数学认知结构基础上的知识建构活动，强调认知结构间的相互联系。

建构主义教学理论给数学实验教学的启示：

（1）数学实验教学要把学生现有的知识经验作为新知识的生长点，引导学生从原有的知识经验中"生长"出新的知识经验。

（2）数学实验教学不只是知识的传递，更是知识的处理和转换。教师要重视学生自己对知识的理解，倾听学生的看法，洞察学生想法的来源，引导学生丰富或调整自己的看法和观点。

（3）数学实验教学中教师要帮助学生自主进行对知识的建构，培养学生积极参与、主动实践的积极性，使学生通过自己的实践获得对知识的理解与认识。

第三节　在中学阶段开展数学实验的必要性

一、开展数学实验教学，有利于落实"四基"目标

课标明确提出数学教学由落实"双基"目标拓展为"四基"目标，即基础知识、基本技能、基本思想和基本活动经验，并要求通过数学教学达到以下目标：掌握数学基础知识，训练数学基本技能，领悟数学基本思想，积累数学基本活动经验。

数学实验教学注重知识的生成，提供大量操作、思考与交流的机会，引导学生从已有的知识背景和活动经验出发，让学生经历观察、实验、猜测、推理、交流与反思等过程，进而在增强感性认识的基础上，帮助学生形成数学抽象认知。生活化问题情境的创设、亲身感受的实验操作经历、合作交流下的自主探究模式，使得学生对数学知识、定理、公式的探求或验证、数学结论或假设的检验的教学活动的感知意义非凡。数学的本源、概念抽象的成因、公理化体系的建构、逻辑推理的严密、各类思想方法的渗透、活动经验的积累等在数学实验教学中得到了充分体现。

二、开展数学实验教学，有利于培养"四能"素养

在课标中，"四能"包括发现问题和提出问题的能力、分析问题和解决问题的能力。分析与解决问题涉及的是已知，而发现问题与提出问题涉及的是未知。因此，发现问题与提出问题比分析与解决问题更重要，难度也更高。对于学生而言，发现问题需要有敏锐的洞察力，提出问题需要深度思考和逻辑组织，分析问题需要理论抽象和精确概括，解决问题则需要全方位的知识建构。

著名的数学教育家波利亚指出："只要数学的学习过程稍能反映出数学发明的过程，那么就应让猜想合情合理地占有适当的位置。"这就要求教师根据教学

内容，合理地创设一些数学实验，引导学生观察，让学生动手探索、大胆设想，把教学重点放在发现问题和提出问题的探究上，从而达到培养学生创造性思维的目的。

数学实验教学对提高学生学习数学的主动性、运用数学知识的自觉性，激发学生的好奇心和创造力，培养学生分析问题和解决问题的能力有促进作用。该教学方式的特征符合学生的身心特征和认知水平。数学实验选用的主题一般具有问题性、开放性、实践性等特点，这些特点正好符合学生对未知世界的好奇心和探究需求。

三、开展数学实验教学，有利于改变传统学习方式

数学课堂教学应激发学生的学习兴趣，调动学生的积极性，引发学生的数学思考，鼓励学生的创造性思维；学生应当有足够的时间和空间经历观察、实验、猜想、计算、推理、验证等活动过程。数学实验的过程是既要动手又要动脑的过程，体现"做中学"，因而，课堂上学生的主动参与是关键。教师在教学中须紧紧围绕课标提出的要求，精心设计能激发学生兴趣的实验过程，让全体学生都积极参与其中，实现人人可操作、能操作。

开展数学实验教学可以培养学生良好的数学学习态度和学习情感，改变教学过程中的师生、生生关系。实验实施为学生创设了一种有助于探究的情境和途径，构建了一种有利于学生终身发展的学习方式。开展数学实验学习使师生关系更为融洽，使同学间的合作加强，可以培养学生的协作精神、科学态度及责任感。

四、开展数学实验教学，有利于学科横向交融

开展数学实验对学生其他学科的学习有积极的促进作用。实验表明，开展数学实验不仅对数学学习产生了积极影响，而且这种影响可以迁移到其他学科。教师普遍反映，实验班的学生上课发言积极，思维活跃，课堂气氛热烈，问题多且会提问题，学生创新意识普遍较其他班级强。理、化教师感觉到实验班的实验课，学生表现积极，主动探索问题的能力较强。政、史、地教师则感觉到实验班的学生善于思考，善于广泛联想，能把各科知识融会贯通，促进了文史知识的学习。

五、开展数学实验教学，有利于强化应用意识

课标强调，数学教学要与生活实际相联系，让学生体会到生活中处处有数学，体验学习数学的乐趣，积极主动地学习有价值的数学。因此在教学中，我们要根据学生的生活实际及课程标准，对教学内容进行整合、重组、补充、加工，努力创设数学实验的环境，把数学引向生活，使学生能受到必要的数学应用的实际训练。利用数学实验教学，深化学生的数学应用意识，应用数学知识解决实际问题是数学教学的出发点和归宿，发展学生的应用意识是数学教学的重要目标之一。这就要求教师必须创设实验环境，使学生能受到必要的数学应用的实际训练，否则强调应用意识就会成为一句空话。

数学实验教学让传统的课堂教学转向以激发学生潜在能力为本，强调学生积极主动参与。数学实验教学将数学知识学习由抽象转化为形象，实现了理论与实践相结合，培养了学生的思维能力、创新能力、解决实际问题的能力、动手操作能力，改进了传统单一的理论教学方式，达到了数学教学的目的，实现了数学教学的目标。

第三章

数学实验教学在中学教学实施中的常见教学模式及教学策略研究

第一节　数学实验教学的基本环节

一、确定实验课题

初中数学实验具有操作性和实践性强的特点，因此适合学生观察、动手操作的素材比较适合用于做数学实验。因此选择的实验课题首先应具有实践性和可操作性。其次，考虑到初中生的年龄特点，实验背景以及所涉及的原理、知识不能太复杂。

课题组认为：课题第一个来源是教材。现行的新教材已经开始关注学生动手操作和活动经验的获得，学习内容更加贴近生活。例如，北师大版初中数学教材中有很多实验的素材，如"试一试""做一做""读一读"等栏目。但是课本上提供的仅是实验素材，并不是实验的详细设计，也没有规化实验的准备、实验的流程和记录结果的版块，因此并不能拿来直接使用。获得实验课题的第二个途径就是自己挖掘。这是因为教材中显性的实验素材有限，因此很多好的实验课题还需要教师自行挖掘，这就要求教师不仅要深刻理解教材和课标，平时还要从生活中收集有利于学生学习和理解的生活素材，如有趣的生活情境、数学趣味故事、数学应用题等，对这些素材进行合理的整合、改编，创造出适合学生学习的数学实验课题。因此，要想上好一堂数学实验课，需要教师的巧妙挖掘和精心设计。

二、明细实验准备

（一）实验工具的准备

对于一节数学实验课，选用什么样的实验工具至关重要。

对于教师的演示实验，实验工具的准备较为简单，只需要教师提前按照实验的需要备好即可；对于学生的操作实验，教师要根据实验的需要和实际情况，由教师准备或者让学生提前自行备好。

（二）知识的准备

教师应确保学生具备实验中所涉及的知识，如借助几何画板软件的数学实验教学，须保证学生具备相应的几何画板操作技能。倘若将课堂上有限的时间放在操作的讲解上，就会使教学实践偏离教学目标。

（三）实验的主要内容和具体操作步骤的设计

首先，实验过程要有层次性、顺序性，要从简单到复杂、从具体到抽象，遵循初中生的认知发展规律。其次，每个实验步骤的任务要明确，可将实验目的分解成一个个小的子目标，让学生知道每个环节应做什么。这里也应把握一个度：操作步骤既不能太过简略，让学生无从下手，又不能太详细，牵着学生走；要留给学生探究的空间，即在学生的最近发展区内设置问题，让学生跳一跳够得着。再次，要体现出实验的味道，注重学生动手操作和动脑思考（不仅要有主观的感受，还要有理性的思考），要关注学生的思维过程和探究意识。最后，要关注实验的实施效果，关注实验目的的达成情况。

（四）科学合理分组

数学实验是学生合作探究的一种方法，它需要小组成员分工合作完成，这时小组合作学习就显得尤其重要。因为课堂实验时间有限，必须提高实验的效率和准确性，所以必须对学生进行科学合理的分组。实验分组一般以 4～6 人为宜，在分组中既要遵循学生自主合作的原则，又要照顾到班级中优秀生和后进生的相互搭配，分组应遵循"组间同质，组内异质，优势互补"的原则，即不同小组的人员实力比较均衡，同一小组中学生能优势互补。

小组间学生要进行角色分工，如操作者、观察者、记录者、统计者、报告者等。经过一定时间角色互换，使每个成员都能从不同的分工中得到体验、锻炼和提高。

三、开放合作探究

数学实验教学是一种开放性探究教学，教师应该留给学生充足的时间与空间去进行学习活动，让学生在开放的环境下大胆实验，通过动手操作、合作探究，进行思维的碰撞；通过实践，纠正错误。教师不要过多干预，要努力激发学生创意的火花，允许学生走弯路，让学生在做中学、学中做，真正使实验的过程变成一个知识内化的过程，让学生通过动手实践体验数学思维的形成过程，培养学生的自主探究和合作意识。

（一）实验活动，动手操作

实验活动是整个数学实验过程的核心环节，学生通过"做数学"来学习数学，在完成任务的过程中，使抽象的数学知识具体化，复杂的问题简单化，一般的问题特殊化，肤浅的问题深刻化。这样做有利于学生以一个研究者的姿态在"实验空间"中观察现象、发现问题、解决问题。此外，实验活动能够使学生直观地理解实验中蕴含的内在规律，在教师的指导下，学生通过观察实验去获得感性认识，培养数学情感和想象力、解决实际问题的能力及严谨的科学态度。

（二）提出猜想，讨论交流

提出猜想是指学生在理解了学习课题后，通过实物模型、虚拟模型、直观观察、实验分析、数学灵感等各种途径和方式，根据已有的信息或新得到的信息，提出解决课题的假说。本环节是整个初中数学实验教学过程中的关键环节，是数学实验的高潮阶段，它是学生在动手操作实验环节中产生的，是学生根据实验现象和规律提出的，是初中数学实验教学的教学目标实现程度的体现，也是培养学生合情推理能力的过程。在数学实验教学中，一方面，我们要让学生自己独立思考，产生猜想；另一方面，要让学生之间通过讨论，进一步深入修改、补充甚至是纠正猜想，从而形成正确的猜想，同时，在讨论交流中培养学生的口头表达能力，可以使学生的表达更具有条理性和逻辑性，而这也是课标对学生提出的要求。

（三）验证猜想，得出结论

验证猜想是指在提出猜想后，一般要用实验的方法、演绎的方法或举反例的方法来检验猜想的正确性。验证猜想是初中数学实验教学不可缺少的一个环节，它是获得正确结论的关键步骤，是对数学实验成功与否的判断。猜想有可能正确，也有可能错误，教师要启发诱导学生证明猜想或举反例否定猜想。得出结论即将学生从实验中获得的知识进行整合，使之条理化、系统化；使学生在实验中遇到的疑难豁然开朗，茅塞顿开；使学生从实验中获得更为广泛和全面的体验，促使学生的感性认识上升到理性认识，使具体的实验活动得到"升华"。

四、科学评价反馈

数学实验的过程是一个提出问题、分析问题、解决问题的过程，其实验的过程也是一个合作探究的过程及学生思维相互碰撞的过程。建立科学的评价体系，对学生实验的方法、过程、结论、发现问题的能力、合作意识等进行综合评价，可以激发学生进行数学实验的兴趣。在实验结束后，对学生实验过程中的问题要进行及时总结、归纳，最终形成实验报告。在实验报告的基础上，教师要带领学生总结，并在相应结论的基础上进行拓展，让学生思考是否有更好的方法，在实验中当学生验证了什么数学定理、公式或者数学命题时，应请学生讲出数学思维形成的过程，从而对通过数学实验建立数学思维模型进行强化，提高学生的数学思维能力。数学实验是学生建立数学思维的重要实践活动，数学实践的过程是学生数学思维形成的过程，也是一个合作探究学习的过程。

第二节　初中数学实验课程设计的主体框架

董林伟依据实验目的将数学实验划分为验证型、理解型和探究型，这与课程标准中的过程目标相吻合。课题研究过程中，我们以此为参考进行分类型研究。

一、验证型实验

（一）概念

验证型实验是指学生通过教师的引导，借助实物、模型或技术工具，通过验证、反思、修正等环节，最终检验数学结论、猜想的正确性的一种实践活动。

（二）目的

验证型实验的目的是验证对象特征。实验的过程侧重于结论猜想的验证、实验现象的反思、猜想的修正。验证型实验主要安排在新知识或新结论之后。验证型实验可以为数学证明提供一种新的途径，有利于学生辨别数学知识、猜想的真伪，有利于培养学生的质疑能力。

（三）教学组织过程

教师依据所需要验证的问题（猜想、易犯错误、定理、公式等），选择合适的实验工具（实物工具、数学软件）进行实验验证，学生通过观察实验中的现象判断数学结论或猜想的真伪。如果实验结果与猜想相悖，则需要学生对自己的猜想进行修正，并再次验证。学生在猜想、验证、修正的过程中加深对数学知识的认识，并内化到自身的知识结构中去。验证型实验突破了传统教学中数学知识只能进行逻辑判断的不足，将数学知识鲜活地展现在学生面前，易于学生对猜想的真伪进行判断。验证型实验教学组织过程一般如图 3-2-1 所示。

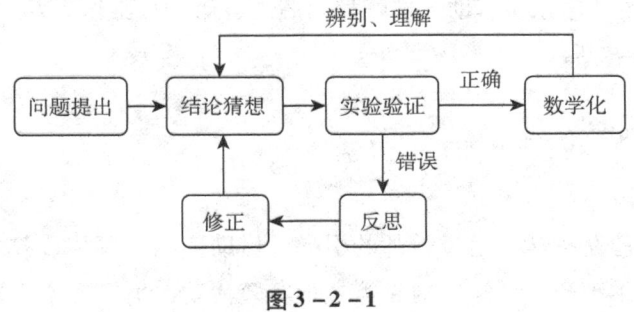

图 3 - 2 - 1

二、理解型实验

（一）概念

理解型实验是指学生通过教师的引导，借助实物、模型或技术工具，进行观察、测算、归纳等数学实验活动，最终深刻理解数学概念、原理等数学事实的一种实践活动。

（二）目的

理解型实验的目的是认识对象特征。实验的过程主要侧重于观察、测算、归纳、理解对象的性质、特征。实验主要针对不易理解的数学概念、性质，以及不易把握的动态变化现象而设置。实验可以让抽象的数学知识变得形象、现实，有利于学生更好地理解、记忆、运用数学知识，有利于培养学生的应用意识。

（三）教学组织过程

教师选择学生不易理解的数学概念、性质等，以难以想象的空间结构、图形变化等作为实验内容，创设合适的情境、选择恰当的工具、设计合理的过程。当学生按照教师设计的实验步骤进行操作时，教师要引导学生将注意力集中到关键特征上，让学生对动态的、直观的实验现象进行观察、测量、计算，并对实验结果进行分析、归纳、总结，最终理解数学知识。学生在实验的过程中将客观的数学知识与主

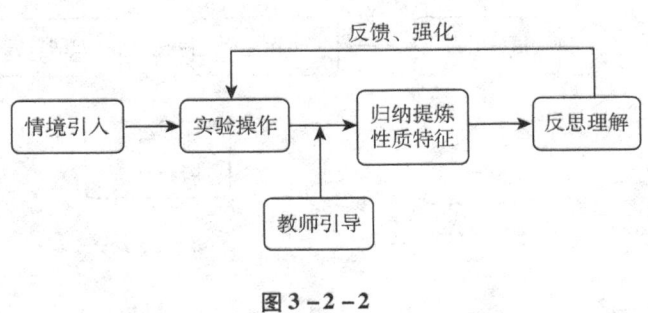

图 3 - 2 - 2

观的实验体会建立联系，有助于理解和记忆数学知识。理解型实验教学组织过程一般如图3-2-2所示。

三、探究型实验

（一）概念

探究型实验是指学生通过教师的引导，借助实物、模型或技术工具，进行实验探究、归纳猜想、新知的构建等数学实验活动，最终探索出未知结论或问题解决方法的一种实践活动。

（二）目的

探究型实验的目的是探究发现对象的特征及相关对象的区别和联系。实验的过程侧重于实验探究、归纳猜想、新知建构。实验主要针对数学的原理、推广的数学结论、具体的生活问题而设置。实验可以让学生经历从特殊到一般的探究过程，也可以让学生了解知识产生的背景、过程、意义，有利于学生将数学知识主动建构到自身的知识体系中，有利于培养学生的探究精神。

（三）教学组织过程

探究型实验教学一般由教师选择一个值得探究的问题，并创设问题情境，学生利用实验工具，按照教师预设的实验过程进行探究，对实验结果进行归纳分析，最终发现新的数学结论或解决数学问题的方法。探究型实验还可以由教师提供给学生探究的问题或学生自己选择感兴趣的问题，教师不设计实验步骤，而是由学生针对问题设计实验方案，依据方案进行观察、测量、计算等操作，并对数据进行归纳分析，进而获得数学结论、发现解决问题的方法。探究型实验教学组织过程一般如图3-2-3所示。

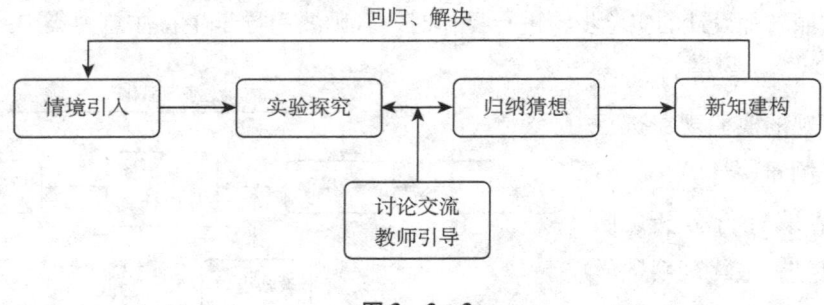

图3-2-3

第三节　课例实施研讨：影响有效教学的各类因素

一、表面热闹，实验设计脉络不清晰

实验教学强调学生的动手动脑、亲身参与，在这个过程中，学生是学习的主体，具有很大的自主发挥空间。但是，在实验教学过程中，学生在充分发挥主体性的同时，容易造成课堂失控。这种失控主要表现为课堂秩序混乱、数学实验偏离设计主线、实践活动不能顺利展开等。因此，实验从设计开始，就必须做到目标明确，脉络清晰。一个完整的实验教学一般包括情境设置、活动与实验、讨论与沟通、总结与猜想、检验与数学化等过程。各个环节逐步推进才能保证实验有序进行。

二、操作限制，实验手段掌握不充分

现代化信息技术日新月异，在课堂中越来越频繁地被运用，各种新元素渐渐融入课堂教学，教师的教学手段也日渐丰富，这给广大教师带来了极大的方便和更为宽广的教学构想。一方面，教师本身在教学手段上提升能力的同时，需要提升学生的新媒体操作动手实验能力，如促成学生对计算机软件基本使用方法的掌握，能自主借助新媒体手段开展实验，拓宽实验途径，提升实验效能；另一方面要想学生能够更好地完成实验，取得预期的实验效果，对于传统学生实验中的优点技巧要一如既往地继承下去，如常用仪器使用标准，测量要求和测量方法，实验数据处理方法，数学工具在数据处理、误差分析中的应用实验研究的基本方法，采用的控制变量法、间接实验法、转移法，等等。学生只有掌握了这些基本技能，才能在数学实验教学中发挥自己的聪明才智，创造性地开展数学实验，体验数学实验带来的成功与快乐。

三、缺乏论证，实验现象表达不严谨

数学实验可以将抽象的知识形象化，将知识的特征、形成过程、真伪性直观地展现在学生面前。但反过来，我们也要记住数学知识的形象化虽然重要，但不能在此止步，还需要通过数学化，才有利于学生对数学知识的理解、对数学方法的掌握、对数学思想的领悟、对数学活动经验的积累。即数学要实验，但要注重实验现象的数学化。数学实验教学虽然倡导学生动手操作，但也不能忽视在实验后回归理论，用数学方法对实验现象进行解释证明。实验得出的数学结果只有通过逻辑证明才能称为数学知识。而"大众数学"和"通俗数学"因舍弃了数学最本质的东西，认为通过游戏、活动就能掌握数学，不必通过深入的研究、思考就能学习数学，恐流于形式。

第四节　初中教学中有效开展
数学实验教学的策略

一、善导引思，注重学生的主体地位

数学实验教学主张把学习的时间和空间还给学生，把思考的问题留给学生，把解决问题的策略传给学生。教师需要"善导""引思"，才能让学生对数学知识的认识从模糊走向清晰。学习就像学走路，教师无法代替学生走路，只能提供帮助，让学生自己学会走路。教师在进行数学实验教学时，需要适当放手。教师要给学生提出实验要求，让学生利用实验工具，用自己的知识、经验去探索、发现实验背后的数学知识。但当学生在观察现象、提出猜想、推理论证的过程中存在困难时，教师还须给予适当的引导，启发学生思考，使学生成为学习的主体，在教师的引导下完成知识再创造的过程，逐步学会学习。教师要引导学生多动手去"做"。对数学概念一味地死记硬背，不求甚解，只记不想，就不能学得深刻、透彻。数学知识理解性、可操作性很强，数学实验应改变主要由教师演示的做法，尽量放手让学生动手操作，探索解决问题的方法。实验教学要鼓励学生多动口去"说"。随着课程改革的推进，教师要摒弃"满堂灌""一言堂"的教学方式，放手让学生质疑问难，让学生讨论、思考、发言。实验教学要启发学生多动脑去"想"。思维能力是各种能力的核心，在数学实验中应该贯穿实验的全过程，教师应在课堂上提出一些要求或思考问题，使学生有目的地、创造性地开动脑筋。在教学过程中，操作只是载体，关键是激发学生探究的兴趣，引发学生的交流和思考，渗透解决问题的策略和数学思想。

二、做思结合，建立实验与数学的联系

"操作内化"原理强调学生动手操作，认为学生只有通过动手操作，才能

将知识内化到认知结构中去，才能对知识进行建构。课程标准也指出，动手实践应成为学生学习数学的方式。数学实验教学要求学生根据自己的知识、经验和信念，积极主动地通过实验探索问题解决的途径，达到意义建构的目的。实验教学应让学生实现动手操作和动脑思考相结合。让学生"动"起来是上好数学实验教学的关键。但数学是思维的科学，仅仅动手操作，并不是完全意义上的数学学习，在实验过程中要有思维的参与。因此，在实验教学中教师应给学生提供动手操作、动脑思考的空间。在学生动手实验时，教师须关注学生动手实验的情况，帮助学生解决操作中所遇到的问题。教师还须引导学生分析实验结果，将直观的实验现象与数学知识建立联系，发现实验操作和实验现象背后所暗含数学知识的背景、特征、形成过程、数学思想、数学方法等。

三、合作探索，分组进行实践活动

学生基本活动经验的发展离不开同学之间的交流讨论，实验最终的结果也往往是学生之间共同讨论得出的。分组活动使实验活动的进行变得更加有序和便于管理。例如，在进行"统计与概率"的数学实验教学时，分组活动可以在一定程度上解决班级人数过多可能造成的难题。此外，分组活动还可以保证每个人能够参与实验，每组汇总所得到的数据分析出的结果更是增强了实验的可靠性。若是学生个体单独实验，会让学生感到实验难做，且花费大量的时间，不仅达不到预期的目的，还会让学生对实验丧失兴趣。在确定合理的小组人员名单后，小组成员之间的分工也要明确。在实验的过程中，学生是站在研究者的立场上去发现和解决问题的，这个过程离不开创造性思维活动，相互之间的沟通交流有利于思维的相互碰撞与启迪。分组进行的"做中学"实验教学，能够形成良好的学习氛围，提高学生学习的主动性，提高学生的学习效率。

四、信息融合，助推实验教学创新

信息技术的发展，特别是几何画板逐渐进入课堂，使得数学实验成为可能并提高了实验的准确性。数学实验教学是再现数学发现过程的有效途径，是一种活动性教学，它能满足不同学生的需求，使学生在各自能力的基础上得到较充分的认识与发展。

数学实验是对数学问题进行的一种全新的建模，在建模的过程中教师带领学生从实际问题出发，认真分析研究，找出解决问题的一种或多种方案，从而提高学生的数学思维能力。

几何画板把"数"和"形"有机地结合起来，将动态过程展现得淋漓尽致。操作中，显示出了线条的清晰、精准、美观，具有可反复演示等优点。数学实验的过程也是对数学的建模，是对数学问题进行的另一种方式的理解与思考。

数学实验作为常态教学的一种补充，可以为数学教学增添趣味性与生动性，还可以被推广到更多的几何问题探索中，如圆周角的性质（几何画板）、圆内接四边形的性质、三角形全等、三角形相似等。当然，数学实验也不是万能的，它不可能解决所有问题，但它能将"数"与"形"有机整合，为学生理解、解决问题提供有效的途径。

五、直观感受，辅助实施解题教学

初中数学许多内容都与数学实验有内在的联系，数学实验为数学课程的开发提供了丰富的资源。课标指出，学生的数学学习内容应当是现实的，有意义的，富有挑战性的，这些内容有利于学生主动地进行观察、实验、猜测、验证、推理与交流等数学活动，有利于进一步凸显数学实验在数学教育中的作用。数学实验能够比较明显地提高教师的教学效率，让学生通过动手操作，在实际问题中验证数学规律、定理或猜想，并且通过学生自己总结相应的解决办法，为数学问题的求解打开思路。当前，我们的解题教学常常出现"教师一味讲解，学生被动接受"的现象。若能在解题教学中辅以数学实验，让学生经历"思路探究—结论猜想—实验验证—严谨推理"这一过程，将有助于学生真正掌握问题的本质，明晰数学问题研究的一般思路和方法。

日常教学中，教师常常只注重题型及解题"套路"的归纳、总结，忽视了知识体系的建立和思维方式的优化，而数学实验教学正好能弥补这些缺失。数学实验能触及学生思维的"最近发展区"，通过实验、猜想、验证等过程，充分暴露学生的思维过程，将整章知识进行整合，突出整体思维和逆向思维；让数学实验中蕴含的知识、模型等都能可视化，也使数学知识的连贯性得到体现；学生通过主动探索，数学思维也能够得到充分锻炼。

六、一以贯之，提升数学核心素养

根据教材内容，我们每学期安排一定课时的数学实验教学内容，系统地开展数学实验教学工作，从提升学生的数学核心素养。教学中，教师可以根据自己对教材的理解和学生的认识基础，自主开展数学实验，促进学生思维能力的发展。教师引导学生经历从具体问题抽象出数学问题，再建立相应的数学模型，最后综合运用已有知识解决问题的过程，使学生获得有意义的数学实验经验，感受"观察—实验—猜想—验证—归纳"的研究方法；通过交流与合作，培养学生积极实践、主动思考、善于发现、敢于创新的学习品质。

基于以上研究，我提出了"追本溯源，实验数学"的教学主张，该主张在教学上推崇数学实验教学，倡导学生动手操作、科学实践、缜密论证，带领学生探究数学本源，感受数学思维的美丽。

第四章

初中数学实验课例教学案例

第一节　数与代数

七年级上册第二章
《有理数混合运算的应用——算24》教学案例

九江市第十一中学　熊巧闵

【教材分析】

"算24"是一堂数学活动课，安排在《有理数的混合运算》后面，是一种学生眼、脑、手、口、耳多种感官协调运用，综合运用加、减、乘、除、乘方以及括号算得24的数学活动。"算24"的游戏活动，可以激发学生学习的积极性，加强学生对有理数的混合运算基本数学知识与技能的理解和掌握，发展学生多角度思考问题、解决问题的能力，使学生突破思维定式，培养学生的创新能力；在活动过程中，引导学生自主探索与合作交流，逐步培养学生观察、分析、猜想、验证的能力，增强学生的合作意识，使学生积累广泛的数学活动经验，体会分类讨论和转化等数学思想方法的运用，真正做到把学生作为数学学习的主体。

【学情分析】

大部分学生在上小学时就玩过"24点"游戏，不过该游戏是运用加、减、乘、除以及括号算得24，相比初中少了乘方运算；学生在进行本次活动课前，已经学习了有理数混合运算的运算顺序和运算法则，有一定的运算能力和技巧，但很多学生对有理数的混合运算不够熟练，计算容易出错。通过"算24"的数学活动，提高学生的运算技巧和能力，让学生感悟数学思想，培养学生的创造性思维。

【教学目标】

1. 本节活动课让学生了解"算 24"的游戏规则，总结"算 24"的规律，掌握算 24 的运算技巧，就是为了加强学生对有理数加、减、乘、除、乘方这些运算的理解和掌握，培养学生快捷的心算能力和反应能力，使学生熟练地进行有理数的混合运算，提高学生的运算技巧和能力。

2. 在活动过程中，教师需要引导学生探索、交流，培养学生自主探索与合作交流的能力，让学生尝试用不同方法反复计算 24，加强学生的数感，发展学生多角度思考问题、解决问题的能力，培养学生的决策意识与判断能力，让学生感悟数学思想方法，锻炼创新能力和创造性思维。

3. 在游戏中让学生体验成功与胜利的喜悦，感受数学文化的魅力，激发学生学习数学的兴趣；使学生认识到数学活动是把理论知识和实际生活联系起来的桥梁，使学生进一步感受数学应用与实际生活的密切联系。

【教学重难点】

1. 重点：让学生了解"算 24"的游戏规则，总结"算 24"的运算规律，学会灵活运用运算法则和运算技巧，提高学生进行有理数混合运算的能力，提升学生的数学核心素养。

2. 难点：加强学生的数感，发展学生多角度思考问题、解决问题的能力，使学生突破思维定式，感悟数学思想方法，锻炼创新能力和创造性思维。

【教学过程】

（一）课前准备
学生六人一组，均衡搭配，每组准备一副扑克牌。

（二）学习规则
师：前面布置同学们去了解"算 24"的游戏规则和由来，并从数学的角度去思考为什么计算得到的是 24，而不是得到其他数字？哪位同学来说一下你的发现？

学生活动：介绍自己了解到的"算24"的规则、由来和原因，讨论哪种规则更适合七年级的学生。

课堂预设：学生了解到的"算24"的游戏规则可能多种多样，经过讨论，小结算24的游戏规则、由来以及原因。

（1）游戏规则：一副扑克牌中抽去大小王剩下52张，约定"A"为1，"J"为11，"Q"为12，"K"为13，任意抽取4张牌，用加、减、乘、除、乘方以及括号把牌面上的数算得24，每张牌能且只能用一次。

（2）由来：据说"算24"是由华人孙士杰先生发明的，该游戏在1986年开始构思，在1988年正式面世于美国，并且迅速风行全美。但早在1979年1月由少年儿童出版社出版的《有趣的数学》中"看谁算得快"也是谈论了这类24游戏，其基本原理、构思等都和孙士杰先生所发明的一样，而且除了四则运算以外，还可使用乘方、开方甚至对数等运算方法。

（3）原因：24有8个正约数（1，2，3，4，6，8，12，24），是一个超级合数，而且24本身也不太大，用4张扑克牌通过运算算得24的方案较多，有利于游戏的进行。

设计意图：让学生了解"算24"的不同规则，认识到游戏的多样性，发展学生多角度观察、分析、解决问题的能力，培养学生的创造性思维；总结适合七年级学生的游戏规则，为后面的活动做准备；了解"算24"的由来和原因，可以激发学生自主探索的积极性，增加他们学习数学的兴趣，使学生感受数学文化的魅力。

师：我们来看一个"算24"的例子，对于点数为2，2，4，5的四张扑克牌，可做如下运算：$2+2+4\times5=24$。请大家思考一下，用这几张牌还有没有其他方法能算得24？

学生活动：先独立思考，再交流讨论，尽可能多地想出不同的算法。

课堂预设：对于2，2，4，5四个数字，有很多不同的算法能得到24，学生可能的算法有：$2^2+5\times4=24$，$(2+2)\times5+4=24$，$(2\div2+5)\times4=24$，等等。

设计意图：通过举例让学生理解"算24"的游戏规则，再让学生通过思考、讨论，初步掌握"算24"的方法和技巧，培养学生自主探索与合作交流的能力，发展学生多角度思考问题、解决问题的能力。

（三）猜牌游戏

师：给出四张扑克牌，有三张牌显示为4，5，7，最后一张牌背面朝上，如果用这四张牌能算出 24，请你猜猜最后一张牌点数是多少，并说明理由。

学生活动：先独立思考，再交流讨论，尽可能多地想出不同的点数。

课堂预设：学生容易想到最后一张牌是 1，2，4，6，8 等，事实上，这里最后一张牌可以是 1 到 13 的任意一张：$4 \times 7 - 5 + 1 = 24$，$(4-2) \times (5+7) = 24$，$4 + 5 \times (7-3) = 24$，$(4-5+7) \times 4 = 24$，$4 \times [7-(5 \div 5)] = 24$，$4 \times (5+7-6) = 24$，$5 \times 7 - 4 - 7 = 24$，$4 + 5 + 7 + 8 = 24$，$4 \times 7 + 5 - 9 = 24$，$4 + (7-5) \times 10 = 24$，$4 \times 5 - 7 + 11 = 24$，$(4+5-7) \times 12 = 24$，$(7-4) \times (13-5) = 24$。

设计意图：本活动给出了一个条件开放的情境，让学生进行猜牌游戏，促进学生进一步发展多角度观察、分析、解决问题的能力。新颖的题目容易激发学生的探究欲望，有利于学生主动思考；正向思维与逆向思维间的灵活转换，有利于发展学生灵活的思维能力和严密的数学逻辑。

（四）组内练习

师：同学们已经知道了"算 24"的规则，但比较缺乏"算 24"的经验和技巧，下面我们就以小组为单位练习"算 24"。每组选一个小组长，由小组长组织发牌，每次牌组都尽量多用不同的计算方法得到 24，看哪个小组算得又快又多。请小组长记录每次牌组不同的算式和没算出来的牌组，等会儿全班交流"算 24"的经验、技巧，并集思广益，看能否把没算出来的牌组解出来。

学生活动：分组进行练习，交流讨论"算 24"的不同方法，总结经验技巧，再一起思考能不能把没算出来的牌组解出来。

课堂预设：学生在组内练习"算 24"的时候，会有各种不同的方法，通过交流讨论，一起总结经验、技巧。常见"算 24"的技巧小结如下。

（1）乘法解决（$4 \times 6 = 24$，$3 \times 8 = 24$，$2 \times 12 = 24$）：把牌面上的四个数想办法凑成 3 和 8，4 和 6，2 和 12，再相乘求解，如 3，3，6，10 可组成（$10 - 6 \div 3$）$\times 3 = 24$ 等。实践证明，这种方法是利用率最大、命中率最高的一种方法。

（2）加减法（$25 - 1 = 24$，$27 - 3 = 24$，$28 - 4 = 24$，$30 - 6 = 24$）：把牌面上的四个数想办法凑成上述几个减法的减数和被减数。

（3）利用 0，1 的运算特性求解：如 3，4，4，8 可组成 $3 \times 8 + 4 - 4 = 24$，4，5，11，13 可组成 $11 \times (5-4) + 13 = 24$ 等。

（4）公式法：在有解的牌组中，用得最为广泛的是以下六种解法（用 a、

37

b、c、d 表示牌面上的四个数）。① $(a-b) \times (c+d)$，如 $(10-4) \times (2+2) = 24$ 等；② $(a+b) \div c \times d$，如 $(10+2) \div 2 \times 4 = 24$ 等；③ $(a-b \div c) \times d$，如 $(3-2 \div 2) \times 12 = 24$ 等；④ $(a+b-c) \times d$，如 $(9+5-2) \times 2 = 24$ 等；⑤ $a \times b + c - d$，如 $11 \times 3 + 1 - 10 = 24$ 等。⑥ $(a-b) \times c + d$，如 $(4-1) \times 6 + 6 = 24$ 等。

设计意图：让学生组内训练可以快速熟悉"算24"的规则，通过讨论可以进一步培养学生自主探索与合作交流的能力，帮助学生突破思维定式；在活动中，引导学生逐步发现运算技巧，总结"算24"的经验，体会分类讨论和数学模型思想，发展学生多角度观察、分析、思考、总结的能力，锻炼学生思维的灵活性和创新性。

（五）游戏比赛

1. 快速抢答

师：老师从扑克牌里面随机抽取四张牌，按照游戏规则，以小组为单位，举手抢答。最短时间内给出正确运算式的小组得 2 分，抢答结束后还有 1 分钟的思考时间进行补充，每提供一种不同的正确运算式，小组可加 1 分。

学生活动：积极思考，参与比赛，争取多得分。

课堂预设：学生思考、答题后，教师评判答案是否正确，并给每个小组计分，为后面评选优胜组做准备。

设计意图：以比赛的形式算24，极大地激发了学生参与的热情，继续发展学生多角度思考问题、解决问题的能力，加强学生对有理数混合运算的理解和掌握，培养学生快捷的心算能力、反应能力和数感，提高学生的运算技巧和能力；以小组为单位比赛，可以增强学生的合作意识和集体荣誉感，增强团队凝聚力。

2. 难题解答

教师给出 10 个算 24 的经典难题：2，2，2，9；1，5，5，5；2，7，8，9；2，5，5，10；6，9，9，10；1，4，5，6；1，2，7，7；3，3，8，8；4，4，10，10；3，3，7，7。学生以小组为单位，举手抢答。学生有 5 分钟的思考时间，最短时间内给出每道题第一个正确运算式，小组得 3 分，每提供一种不同的正确运算式的小组可加 2 分。最后结合前面的"快速抢答"活动，得分最多的小组获胜。

学生活动：积极思考，参与比赛，争取多得分。

课堂预设：学生思考、答题后，教师评判答案是否正确，并给每个小组计分，比赛结束后评选出优胜组。参考答案：$2+2\times(2+9)=24$，$(5-1\div5)\times5=24$，$2\times(7+9)-8=24$，$(5-2\div10)\times5=24$，$9+9\div6\times10=24$，$6\div(5\div4-1)=24$，$(7\times7-1)\div2=24$，$8\div(3-8\div3)=24$，$(10\times10-4)\div4=24$，$7\times(3+3\div7)=24$。

设计意图：通过本环节的思考，引导学生突破思维定式，培养学生的创新能力，使学生学会用发展的眼光看问题，横向将不同运算策略进行对比，灵活运用运算技巧；纵向将活动前与活动后的解法和思路进行对比，总结活动经验。

（六）更改规则

师：很多同学在小学玩过"算24"的游戏，当时规则里面没有乘方运算，现在我们玩加入了乘方运算的"算24"，相当于更改了游戏规则，使得"算24"的方法更多了。那么大家想一想，我们还可以怎么更改游戏规则，产生更多算24的方法？

学生活动：合作交流，思考讨论。

课堂预设：引导学生认识到更改游戏规则的基础是建立在旧规则之上，所以可以先分析旧规则，看看哪些地方可以更改，最后小结，可以从以下几个方面更改规则：①牌的张数，用3张或5张牌算24；②每张牌使用的次数，指定一张牌可以使用两次或多次；③牌面颜色，红色牌面为正，黑色牌面为负；④添加运算方法，取牌面的相反数、倒数，等等。

设计意图：让学生更改游戏规则，鼓励学生对问题有不同的意见，尊重学生的不同想法，发散学生的思维；引导学生分析、讨论，发现某些想法中存在的问题，继而引发学生更深入的思考，从而作出合理的改变，为学生多角度观察、分析问题，多层次思考与创造提供了条件，进而发展学生灵活的思维能力和创造性才能。

【课堂总结】

师：本次活动即将结束，相信大家都有很多收获，先以小组为单位，充分交流讨论，然后选出代表和大家一起分享心得体会。

"算24"有非常多的题目和解法，请大家保持课堂的热情，课后与亲朋好友继续练习，掌握"算24"的经验、技巧，提高有理数混合运算的能力。

学生活动：回顾本节课的活动过程，进行交流讨论，感悟收获和心得。课后与亲朋好友继续练习，在玩中学。

课堂预设：学生的收获主要体现在以下几个方面。

（1）熟练掌握"算24"的游戏规则和运算技巧，加强了对有理数混合运算的理解和掌握，锻炼了心算能力和反应能力，提高了数学运算的能力。

（2）在活动过程中，学会了自主探索与合作交流，增强了数感，发展了多角度思考问题、解决问题的能力，体验数学思想方法的运用，锻炼了创造性思维。

（3）在游戏中体验到成功的喜悦，感受到数学文化的魅力，对数学的学习更有兴趣，也更有信心了。

设计意图：通过回顾"算24"的活动过程，总结本节课的收获，让学生学会提炼活动经验和运算策略，加强学生的语言表达和归纳总结的能力；课后继续练习，把数学知识与实际生活联系起来，让学生勤动脑、勤动手，学会自主学习、探究，不断优化思维能力。

【教学反思】

数学活动课是初中数学课程不可缺少的一部分，是把数学理论知识与实际生活联系起来的桥梁，它可以加深学生对数学知识的理解，提高学生解决实际问题的能力，有利于培养学生的创造性思维和实践能力，形成民主和谐的学习氛围。

本次数学活动是有理数混合运算的应用，通过加、减、乘、除和乘方的运算得到24；在活动过程中，首先让学生预习"算24"的规则和由来，感受数学文化的魅力，再通过比赛，激发学生参与的热情，积累"算24"的经验、技巧，并提高学生有理数混合运算的能力，增强学生的合作意识，让学生积累广泛的数学活动经验，提升学生学习数学的兴趣。

在练习"算24"的时候，当学生局限在原有的经验中、产生思维定式时，不要代学生回答，要引导学生从不同层次、不同角度去思考、分析问题，逐步培养学生观察、分析、猜想、验证、总结的能力，给学生充分参与活动的时间，让学生通过自主探索和合作交流总结出"算24"的策略和技巧，增强学生的合作意识，让学生内化数学知识、建构知识网络体系，真正做到把学生作为数学学习的主体。

七年级上册第五章《日历中的方程》教学案例

江西省九江第一中学　石芳芳

【教学目标】

1. 基础知识：学会设未知数，并利用日历中相邻各数之间的规律，找出已知数与未知数之间的等量关系；能正确列出方程、解方程，求出方程的解，并学会根据实际意义检验解的合理性。

2. 基本技能：初步认识并体会运用方程解决实际问题的关键是建立等量关系。

3. 基本思想：方程思想、数学建模思想、从特殊到一般的思想、转化思想。

4. 基本活动经验：经历探索日历中数字排列规律、运用方程解决实际问题的过程，提高学生抽象、概括、分析问题和解决问题的能力；通过开放式教学，培养学生的问题意识、创新意识和实践能力，让学生获得学习成功的体验，培养学生的科学探究精神。

【教具准备】

2022 年的日历（挂历或台历）、彩笔。

【教学重难点】

1. 重点：运用方程解决日历中的一系列问题。

2. 难点：如何从日历问题中寻找等量关系建立方程，并根据实际问题检验解的合理性。

【教学过程】

(一) 创设情境，导入新课

有一天，大魔术师遇到了小雪人，他们展开了一场有关日历的对话。

魔术师：如果你随意在日历上圈出同一个竖列上相邻的三个日期，并把它们的和告诉我，我就能马上知道这三天分别是几日，你相信吗？

小雪人：那么让我们试试吧！如果三天日期的和为 24，这三天分别是几日呢？

魔术师：这三天分别是 1 日、8 日、15 日。

小雪人：答对了，再说一个你就不灵了。三天日期和为 39 呢？

魔术师：这三天分别是 6 日、13 日、20 日。

小雪人：又答对了！那么和为 60 呢？

魔术师：同学们，你能猜出这三天的日期吗？你发现其中的奥秘了吗？请你来试一试吧！

(二) 游戏互动，探寻新知

游戏 1： 同桌之间利用课前准备好的日历，进行游戏

在日历上圈出同一个竖列上相邻的三个日期，并把它们的和告诉同桌，同桌说出这三天分别是几日，在游戏中发现规律、验证规律，并应用规律。

学生发现规律： 日历中竖列上相邻两个数相差 7，下边的数比上边的数大 7。

教师提出问题： 观察下列日历表（图 4 - 1 - 1）并回答问题。

星期日	一	二	三	四	五	六
		1	2	3	4	5
6	7	8	9	10	11	12
13	14	15	16	17	18	19
20	21	22	23	24	25	26
27	28	29	30	31		

图 4 - 1 - 1

（1）你能通过列方程解决游戏中的问题吗？

（2）如果设其中的一个数为 x，那么其他两个数怎样表示？你是设哪个数为 x 的？设未知数的方法唯一吗？如果不唯一，你认为怎样设比较简洁？

（3）如果（2）中这三个数的和是 60，那么这三天分别是几号？

（4）这三个数的和可能是 75 吗？可能是 21 吗？可能是 43 吗？为什么？

（5）在探索上述问题的过程中你有什么收获？

学生解决问题：利用列方程的方法自主解决游戏中的问题。

交流展示：

（1）能。

（2）有三种设未知数的方法见表 4 - 1 - 1。

表 4 - 1 - 1

最上面的一个数	中间的一个数	最下面的一个数
x	$x + 7$	$x + 14$
$x + 7$	x	$x - 7$
$x - 14$	$x - 7$	x

三种方法中，设中间一个数为 x 比较简洁，因为设最上面的一个数为 x，则三数和为 $x + (x + 7) + (x + 14) = 3x + 21$；设中间的一个数为 x，则三数和为 $(x - 7) + x + (x + 7) = 3x$；设最下面的一个数为 x，则三数和为 $x + (x - 7) + (x - 14) = 3x - 21$。所以设中间的一个数为 x，则三数和为 $3x$，那么中间数就是和的三分之一，于是可以迅速得到这三个数。

（3）这三天分别是 13 日、20 日、27 日。

（4）这三个数的和不可能是 75，不可能是 21，也不可能是 43。因为：设中间的一个数为 x 若 $3x = 75$，则 $x = 25$，那么 $x + 7 = 32$，而日历中最大的数是 31，不符合实际情况，故三个数的和不可能是 75；若 $3x = 21$，则 $x = 7$，那么 $x - 7 = 0$，而日历中最小的数是 1，故也不可能是 21；若 $3x = 43$，则 $x = \dfrac{43}{3}$，不是整数，也不符合实际情况，故也不可能是 43。

（5）收获颇多。

①日历中同一竖列中三个数的和最小不能小于 21，最大不能大于 75。

②列方程解应用题要判断方程的解是否符合实际情况。（最小日期为1，最大日期为31，且日期为整数）

③列方程解应用题时，恰当地设未知数，可使问题变得简洁。

……

游戏2：同桌之间利用课前准备好的日历，进行游戏

每人在各自的日历上，用一个正方形任意圈出2×2个数，分别把自己所圈出4个数的和告诉同伴，由同伴用方程的方法求出这4个数。

教师提出问题：

（1）你有几种设未知数的方法？请一一列举。

（2）列方程解决实际问题一般需要哪几个过程？

学生解决问题：

请几组同学代表给全班同学演示游戏过程，交流讨论后请四位同学写出各种不同未知数设法的解题过程（图4-1-2），相互交流，选出最佳解决方案。

x	$x+1$	$x-1$	x	$x-7$	$x-6$	$x-8$	$x-7$
$x+7$	$x+8$	$x+6$	$x+7$	x	$x+1$	$x-1$	x

图4-1-2

（1）列出未知数的各种不同的设法。

（2）列方程解决实际问题一般步骤如下。

①审：审题，分析题目中的数量关系；②设：设适当的未知数，并用未知数表示未知量；③找：根据题意找出等量关系；④列：根据找出的等量关系列方程；⑤解：解这个方程；⑥验：检验所得的解是否符合题意；⑦答：写出答案（包括单位名称）。

（三）学以致用，巩固技能

1. 知识回顾

以小组为单位，用准备好的日历，交流讨论日历中蕴含的规律。（学生分成小组讨论交流，各小组发言总结，互相补充）

2. 总结规律

横差1，竖差7；左斜差6，右斜差8……

3. 擂台竞技

单双行同学分为两组进行竞赛。（结合日历中的规律，设计问题并回答）

4. 思维拓展

将偶数按下列方式排列（图4－1－3）：

$$2 \quad 4 \quad 6 \quad 8 \quad 10 \quad 12 \quad 14$$
$$16 \quad 18 \quad 20 \quad 22 \quad 24 \quad 26 \quad 28$$
$$30 \quad 32 \quad 34 \quad 36 \quad 38 \quad 40 \quad 42$$
$$44 \quad 46 \quad 48 \quad 50 \quad 52 \quad 54 \quad 56$$
$$\cdots\cdots$$

图4－1－3

（1）图4－1－3的五个数之和是200，如果框住的五个数和是100，则这5个数分别是多少？请用方程解决。

（2）请你自己设计一个数列表，提出问题，并解决这些问题。

（四）小结升华，畅谈收获

师：通过这节课的学习，你有哪些感悟和收获？

生：第一，通过对日历中方程的研究，结合第三章中对此类问题的探讨，对日历中的这个特殊的数字问题呈现的规律及等量关系有了进一步的认识；第二，在经历运用方程解决实际生活中问题的过程中，提高了抽象、概括、分析问题和解决问题的能力；第三，多个未知量出现时，尝试了用合理的方法设未知数；第四，养成对所列方程的解进行检验的习惯，尤其注重现实背景下解的合理性；第五，学会了列一元一次方程解应用题的一般步骤……

【作业布置】

（一）必做题

1. 某月的日历，任意选取"U"型框中的7个数，发现这7个数的和不可能是（　　）。

　A. 70　　　　　B. 78　　　　　C. 77　　　　　D. 105

2. 如果某一年5月份中，有5个星期五，它们的日期之和为80，那么这个月4日是星期几？

（二）选做题

将连续的奇数排成如图 4 − 1 − 4 所示的数阵。

（1）十字框中的 5 个数的和与中间数 15 有什么关系？

（2）设中间数为 a，用式子表示十字框中 5 个数之和。

```
    1      3    ⌐ 5 ⌐    7      9
   11   ⌐ 13    15    17 ⌐   19
   21     23  ⌐ 25 ⌐   27     29
   31     33     35     37     39
   41     43     45     47     49
   ......
```

图 4 − 1 − 4

（3）若将十字框上下左右移动，可框住另外 5 个数，这 5 个数的和还有这种规律吗？

（4）十字框中 5 个数之和能等于 2025 吗？若能，请写出这 5 个数；若不能，说明理由。（求 5 个数分别是多少，请用方程解决）

（三）探究题

有一些分别标有 6，12，18，24，…的卡片，后一张卡片上的数比前一张卡片上的数大 6，小明拿到了相邻的 3 张卡片，且这些卡片上的数的和为 342。小明拿到了哪三张片？你能拿到相邻的 3 张卡片，使得卡片上的数的和为 86 吗？

【教学反思】

本节课中的设计通过丰富多彩的活动，有梯度地引导学生进行探索，使不同层次的学生有不同程度的收获。首先以小雪人和大魔术师的对话情境引入新课，让学生切身体验问题情境；再以游戏形式引导学生步步探究从而进一步帮助学生理解题意，并把实际问题抽象成数学问题；最后，引导学生拓展思维，用本节课所学知识解决相关的问题，并加以研究，对提高学生的分析问题和解决问题的能力有很大帮助。

作业设计根据因材施教、面向全体的原则，分必做题、选做题和探究题让学生能根据自己的实际情况选择适合自己的题目，使每个层次上的学生都得到巩固，使每个学生在原有的基础上有所提高。

七年级上册第四章
《角的拓展应用——钟面上的数学》教学案例

九江市第十一中学　熊巧闵　九江市同文中学　钟敏

【教材分析】

"钟面上的数学"是角的相关拓展应用，主要涉及时针与分针转动时角度之间的关系，是学生经常遇到的一类有趣但又相对惧怕的数学计算问题。"钟面上的数学"问题对学生的知识储备、数学思维能力与知识应用能力都有比较高的要求，在授课时容易造成"冷场"的现象，为了改变这种情况，可以组织学生进行数学实验，通过"做数学"得到计算钟面角的一般性公式，使学生体会数学模型思想，渗透数学文化；同时在实践操作中让学生变"被动接受"为"主动探究"，积累数学活动经验，帮助学生实现数学认识与经验的同步增长，提高学生的动手操作能力和创新意识，让学生体验探索实践的乐趣，感悟数学的意义和魅力。

【学情分析】

学生在小学学过列方程解应用题，也接触过行程问题中的追及问题；本节活动课前，学生学习了角的概念和度、分、秒的换算，已经具备了解决"钟面上的数学"问题的能力。为了让学生更容易理解本节课的内容，需要引导学生动手操作，把"钟面上的数学"看成环形跑道的追及问题，根据两针转动角度之间的关系建立方程解决问题。在实践过程中通过动手操作激发学生探索的兴趣，让学生感悟数学思想，培养学生的总结应用能力和可视化思维能力。

【教学目标】

1. 知道钟面上的刻度分布含义和指针的相关信息，了解时针与分针在转动时的内在联系，探索、归纳不同时刻时针与分针夹角的计算公式；通过列方程把钟面上的角度问题与已经学过的追及问题联系起来，灵活运用已学知识，实现解题方法的迁移。

2. 学会用方程思想解决钟面上的有关数学问题，体会数学建模思想；在实践活动中培养学生动手操作、观察、分析、交流、归纳得到数学知识的能力，提高学生语言表达能力和数学思维能力，锻炼学生合情推理和演绎推理能力。

3. 经历一系列数学活动，引导学生学会在实践中探索的学习方式，培养学生主动与他人合作交流的意识，让学生积累活动经验，体会成功运用数学知识解决实际问题的喜悦，渗透数学文化，提升学生数学抽象、逻辑推理、数学建模等核心素养。

【教学重难点】

1. 重点：了解时针与分针在转动时的内在联系，运用方程思想解决钟面上时针与分针的夹角问题。

2. 难点：探索、归纳不同时刻时针与分针夹角的计算公式，准确找出钟面上时针分针所成的角与时针分针转动角度之间的相等关系，灵活运用方程思想解决钟面上时针与分针的夹角问题。

【教学过程】

（一）课前准备
仅含时针和分针的钟或表（可根据需要调节时间）。

（二）观察与探究
1. 观察手里的时钟或手表，思考

（1）钟面上有_____个大格（小时），_____个小格（分钟）。

（2）分针每转一圈（1 个小时），转了_____个大格，_____个小格，_____°，因此每一大格_____°，每一小格_____°。

（3）分针转一圈时，时针转了_____个大格，_____个小格，_____°，分针转动的速度是_____°/min，时针转动的速度是_____°/min，时针和分针的速度差是_____°/min。

学生活动：观察钟面并思考问题，可以与同伴交流讨论。

课堂预设： 大部分学生应该都能答对，如果有错比较多的地方，可以着重讲。

(1) 12，60。

(2) 12，60，360，30，6。

(3) 1，5，30，6，0.5，5.5。

设计意图： 让学生观察钟面，了解静态信息——钟面上的刻度的含义，以及动态信息——时针与分针转动的速度，实现学生对钟面的由感性到理性、由静到动的初步数学认识，做好必要的储备知识，为接下来的实践活动做准备。

2. 探究

将手里的时钟或手表先后转到考图 4 – 1 – 5（a）到图 4 – 1 – 5（d）的位置，然后填写该时刻时针与分针所构成的角（不超过平角）的度数，并说明是如何得到这些角的度数的。

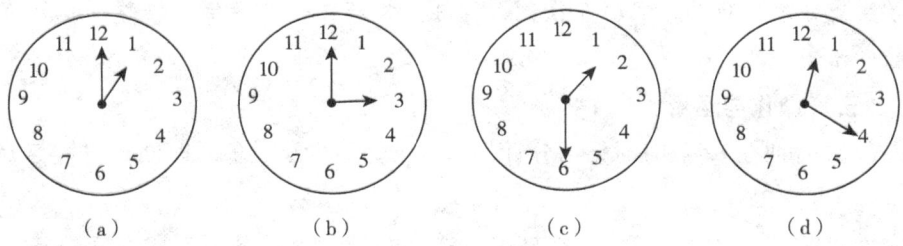

(a)　　　　　　　(b)　　　　　　　(c)　　　　　　　(d)

图 4 – 1 – 5

思考： 你能否推出时钟在 m 点 n 分时，分针、时针所成夹角的度数？

学生活动： 动手操作并思考，可以和同伴一起交流讨论，总结一般性公式。

课堂预设： 学生在思考图 4 – 1 – 5（a）到图 4 – 1 – 5（d）的夹角问题时可能会有多种方法，这里可以先让学生自由发挥，当学生在归纳一般性计算公式遇到困难时，再引导学生把它转化为追及问题来解决。

图 4 – 1 – 5（a）：将分针与时针之间的夹角看作分针与时针的距离，当时钟在 12 点时时针与分针重合，距离为 0，从 12 点到图 4 – 1 – 5（a）中的 1 点，时针走了 60min，分针走了 60min（或者 0min，因为分针 60min 走了 360°，去掉 360°的整数倍夹角是一样的），速度 $V_{时针} = 0.5°/min$，$V_{分针} = 6°/min$，时间 $t_{时针} = 60min$，$t_{分针} = 0min$，而路程 = 速度×时间，可得此时夹角为 $0.5° × 60 - 6° × 0 = 30$（°）。

图 4-1-5 (b)：从 12 点到图 4-1-5（b）中的 3 点，时针走了 180min，分针也走了 180min（或者 0min），可得此时夹角为 $0.5° \times 180 - 6° \times 0 = 90$（°）。

图 4-1-5（c）：从 12 点到图 4-1-5（c）中的 1 点 30 分，时针走了 90min，分针也走了 90min（或者 30min），可得此时夹角为 $6° \times 30 - 0.5° \times 90 = 135$（°）。

图 4-1-5（d）：从 12 点到图 4-1-5（d）中的 12 点 20 分，时针走了 20min，分针也走了 20min，可得此时夹角为 $6° \times 20 - 0.5° \times 20 = 110$（°）。

思考：从 12 点到 m 点 n 分，时针走了 $(60m+n)$ min，分针也走了 $(60m+n)$ min（或者 n min），可得夹角为 $|0.5(60m+n) - 6n| = |30m - 5.5n|$（°）。

设计意图：通过小步骤的练习设计，搭建思维的台阶，循序渐进，激发学生对问题的深入思考，引导学生发现解这类题的关键思路：退回整点，用追及问题的方法解决，从而归纳不同时刻时针与分针夹角的计算公式。同时本环节让学生充分经历观察、实验、猜测、计算、推理、验证等活动过程，积累直接的数学活动经验。

（三）操作与运用

（1）时钟在 12 点时时针与分针是重叠的，至少经过多长时间，时针与分针又重叠了？

方法导引：将时钟看成一个环形跑道，时针与分针分别看成在同一起点跑步的两个人，那么这个问题可以转化成环形跑道追及问题。因为分针跑得快，所以要想分针与时针首次重叠，必须比时针多跑一圈 360°。

（2）在 3 点与 4 点之间（图 4-1-6），时针和分针什么时刻在一条直线上？

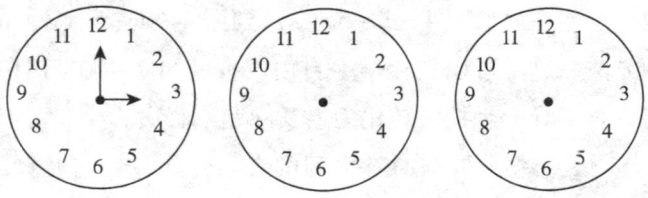

图 4-1-6

方法导引：先思考，再操作。分针与时针在一条直线上时，相差_____°，在空白钟面上画出此时刻的时针、分针的位置，再解答问题。

（3）在 7 点与 8 点之间（图 4-1-7），时针与分针在什么时刻相互垂直？

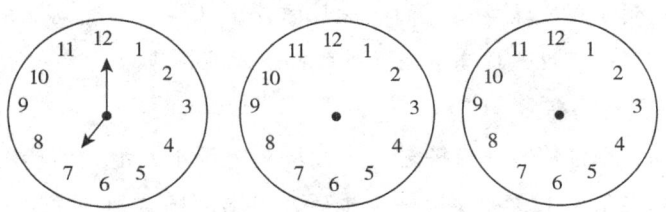

图 4 - 1 - 7

方法导引：先思考，再操作。分针与时针相互垂直时，相差_____°，在空白钟面上画出此时刻的时针、分针的位置，只有一种情况吗？

学生活动：可以结合实践操作进行分析、思考，遇到困难时可以互相讨论或者根据方法导引来思考。

课堂预设：先让学生单独思考，遇到困难时提示学生结合方法导引，把以上问题转化为追及问题，通过列方程来解决。下面提供的方程是结合不同时刻时针与分针夹角的计算公式得到的。

解：①设 1 点 n 分时时针与分针第一次重叠，则

$$|30 \times 1 - 5.5 \times n| = 0，解得 n = \frac{60}{11}$$

所以经过 1 小时 $\frac{60}{11}$ 分时针与分针又重叠了。

②分针与时针在一条直线上时，要么重合要么组成一个平角，所以相差 0° 或 180°。设 3 点 m 分时时针与分针相差 0°，3 点 n 分时时针与分针相差 180°，则 $|30 \times 3 - 5.5 \times m| = 0$，$|30 \times 3 - 5.5 \times n| = 180$，解得 $m = \frac{180}{11}$，$n = \frac{540}{11}$

所以 3 时 $\frac{180}{11}$ 分或 3 时 $\frac{540}{11}$ 分，分针与时针在一条直线上。

③分针与时针相互垂直时，相差 90°，但可能时针在前也可能分针在前，所以有两种情况。设 7 点 n 分时时针与分针相互垂直，则

$$|30 \times 7 - 5.5 \times n| = 90，解得 n = \frac{240}{11} 或 \frac{600}{11}$$

所以 7 时 $\frac{240}{11}$ 分或 7 时 $\frac{600}{11}$ 分，分针与时针相互垂直。

设计意图：本环节通过几个实例让学生进一步在实践操作中积累活动经验，培养学生观察分析和交流合作的能力；这些问题在将学生的思维引向更深一层

次的同时也找到了解决这类问题的一般性方法，让学生感受到运用所学知识成功解决实际问题的喜悦，提高学生对数学知识的应用能力。

（四）拓展与提高

课例延伸： 小红傍晚 6 点钟之后去商场买笔记本，走到商场看到钟表上的时针与分针的夹角是 120°，买完笔记本后，走出商场看到钟表上的时针与分针的夹角又是 120°，但已经 7 点钟了，小红买笔记本用了多少时间？

方法导引： 6 点至 7 点之间，分针和时针形成两次 120° 夹角，要分别考虑时针在分针前面及分针追上时针跑在时针前面两种情况。

学生活动： 可以结合实践操作进行分析、思考，遇到困难时可以互相讨论或者根据方法导引来思考。

课堂预设： 先让学生单独思考，遇到困难时再给予提示。

解：设 6 点 n 分时时针与分针夹角为 120°，则

$|30 \times 6 - 5.5 \times n| = 120$，解得 $n = \dfrac{120}{11}$ 或 $n = \dfrac{600}{11}$

所以小红买笔记本所用时间是 $\dfrac{600}{11} - \dfrac{120}{11} = \dfrac{480}{11}$（分）。

设计意图： 通过上面的实践活动，让学生进一步理解、掌握不同时刻时针与分针夹角的计算公式，同时更深入地认识指针转动的本质，把它和追及问题、方程思想联系起来，学会灵活运用数学知识解决实际问题，并实现解题方法的迁移。

【课堂总结】

通过本节课的学习，你学到了哪些数学知识？运用了哪些数学方法？有什么数学感悟？

学生活动： 回顾本节课的活动过程，进行交流讨论，感悟收获。

课堂预设：

（1）了解到钟面上的各种信息，以及时针和分钟转动时的内在联系，总结了不同时刻时针与分针夹角的计算公式，还学会了灵活运用方程思想解决钟面上时针与分针的夹角问题。

（2）这节课运用了方程思想、转化思想和数学建模的思想方法。

（3）在实践活动中加强了合作探索与动手操作的能力，体验到成功运用数学知识解决实际问题的喜悦，感受到了数学的意义和魅力。

设计意图：让学生回顾本节课的实践过程，总结收获和感悟，加强学生的数学语言组织和表达能力，同时提高学生归纳总结的能力并让学生尝试把所学知识融会贯通，建构自己的知识网络，内化数学思想方法，学会灵活运用数学知识和思想方法解决实际问题。

【教学反思】

本节活动课先从对钟面的基础认识出发，让学生储备必要的数学知识；再结合学生已有的知识和能力水平，巧设问题，以类似科学研究的方式进行数学学习，在实践探究中归纳一般性规律，使学生在掌握数学知识的同时，经历体验、理解、发现、抽象并建立数学模型的过程，培养学生的创新精神和实践能力；最后，在活动中让学生应用自己建立的数学模型解决问题，既锻炼了学生对数学知识和思想方法的应用能力，又让学生充分体会到了成功的喜悦。

一堂好课离不开教师的精心准备和学生的积极配合，所以教师需要根据所教班级学生的实际情况，选择适切的教学素材和教学流程，准确地体现科学教育理念和课标要求。本节课的内容对大部分学生来说还是偏难的，所以需要借助数学实验，让学生在实践操作中"做数学"，激发学生实践探索的兴趣，让学生通过自己的实践与思考总结数学知识和思想方法，培养学生的应用能力和可视化思维能力。如果学生在某个难点上遇到困难，教师要发扬教学民主精神，当好学生数学学习活动的组织者、引导者、合作者，启发学生积极思考，使学生通过自己的努力主动获取知识，体验学习数学的乐趣。

八年级上册第一章《蚂蚁怎样走最近》教学案例

九江市同文中学　钟敏

【课程说明】

此案例源自北师大版数学课本八年级上册第一章《勾股定理》中的"蚂蚁怎样走最近"。在进行完此章节课程的教学后，我做了一些教学反思，并在原有课程的基础上进一步扩展其内容，对一部分学有余力的学生进行部分提高教学。以下为拓展后的教案及教学反思。

【教学目标】

1. 能运用勾股定理及直角三角形的判别条件（勾股定理的逆定理）解决简单的实际问题。

2. 通过本节学习，真正体会数学来源于生活，又应用于生活，增加在日常生活中用数学知识解决问题的经验和感受，如如何将数学知识应用于生活实际，如何选择适当的数学模型解决数学问题。

3. 敢于面对数学学习中的困难，增加遇到困难时选择其他方法的经验，进一步体会数学的应用价值，发展运用数学的信心和能力，初步形成积极参与数学活动的意识。

【教学重难点】

能运用勾股定理及直角三角形的判别条件解决简单的实际问题。

【教学过程】

（一）复习引入

师：前几节课我们学习了勾股定理，你还记得它有什么作用吗？

欲登 12 m 高的建筑物，为安全需要，须使梯子底端离建筑物 5 m，至少需多长的梯子？

这个问题我们可以用勾股定理解决。但在日常生活中，针对某个问题应该怎样选择相应的数学知识去解决？确定相应数学知识后应该怎样实施办法？今天我们就来研究这个问题。

（二）问题的提出

如图 4－1－8（a）所示，有一个圆柱体，它的高等于 12 cm，底面半径等于 3 cm，在圆柱下底面的 A 点有一只蚂蚁，它想吃到上底面与 A 点相对的 B 处的食物，需要爬行的最短路程是多少？（π 的值取 3）

（1）同学们可自己做一个圆柱，尝试从 A 点到 B 点沿圆柱的侧面画出几条路线，你觉得哪条路线最短呢？（小组讨论）

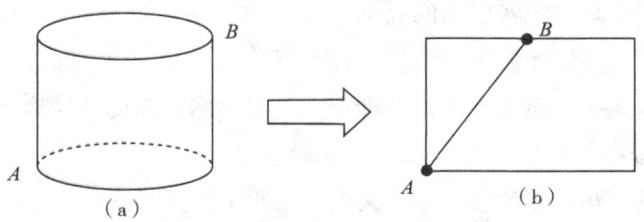

图 4 - 1 - 8

（2）如图 4 - 1 - 8（b）所示，将圆柱侧面剪开展开成一个长方形，从 A 点到 B 点的最短路线是什么？你画对了吗？

（3）蚂蚁从 A 点出发，想吃到 B 点上的食物，它沿圆柱侧面爬行的最短路程是多少？（学生分组讨论，公布结果）

$AB^2 = 12^2 + 3 \times 3 = 153$，$AB = \sqrt{153}$（cm）．

1. 教学反思

以上例题源自教材，其内容和提问主要是让学生能自主地意识到此类（最短路程）问题可以通过将几何体展开成平面图形，利用几何原理"两点间直线最短"找出最短路径，最后通过勾股定理来解决问题。但常规教学下来我觉得学生通过此类问题的训练会产生一种先入为主的感觉：似乎所有的立体图形中的"怎样走最近"的问题都只有将立体图形展开才能得到最短路径。实际上以上问题条件中的高由原来的 12cm 改为 3cm，则会出现一条更短的路径，如图 4 - 1 - 9所示。

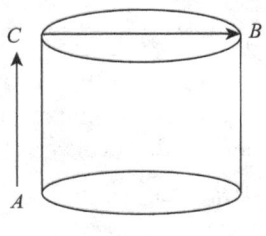

图 4 - 1 - 9

沿图 4 - 1 - 9 的 A—C—B 路径，路程长为 9cm。

若按原题展开圆柱体，计算侧面最短路径：

$AB = \sqrt{3^2 + (3\pi)^2} \approx 9.89$（cm）$> 9$（cm）

显然沿原立体图形 A—C—B 路径走路程会更短。

因此在课堂教学中将以上问题的思考交给学生来处理。当然就现有能力而言，大部分学生可能无法解决，但应该让学生意识到并不是所有的问题处理都只能单纯地从某一方面来考虑，处理不同情境的问题时应考虑周全。

2. 教师分析

何种情况下几何体的展开图形两点间的距离会更短呢？

设圆柱的高为 h，半径为 r，则由 $A—C—B$ 的路径为 $h+2r$；展开后 AB 的路径为 $\sqrt{h^2 + (\pi r)^2}$。

若两种方式的路程相等则 $h+2r = \sqrt{h^2 + (\pi r)^2}$，求得 $\dfrac{h}{r} = \dfrac{\pi^2 - 4}{4}$。

可见，此类问题的解决应该与圆柱中高与半径的比有关系。（此内容无须学生掌握）

（三）问题的延伸

如图 4－1－10 所示，在棱长为 10cm 的正方体的一个顶点 A 处有一只蚂蚁，现要向顶点 B 处爬行，已知蚂蚁爬行的速度是 1cm/s，且速度保持不变，问蚂蚁能否在 20s 内从 A 爬到 B？

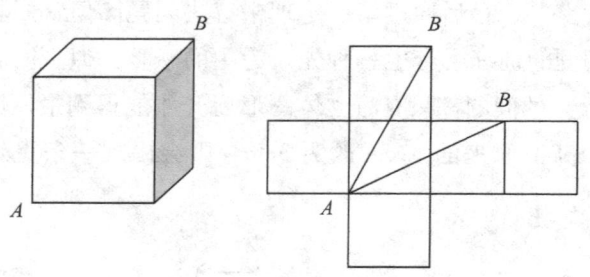

图 4－1－10

$AB = \sqrt{10^2 + 20^2} = 10\sqrt{5}$ （cm） ≈ 22 （cm）

蚂蚁不能在 20s 内从 A 爬到 B。

问题的挖掘：

一只蚂蚁在一个长方体的一个顶点 A' 处，食物在这个长方体上和蚂蚁相对的顶点 C 处，如图 4－1－11（a）所示。已知长方体的长为 6m，宽为 5m，高为 3m，蚂蚁急于吃到食物，沿着长方体的表面向上爬到 C 点，路线有长有短，蚂蚁究竟应沿着怎样的路线爬上去，才能使所走的距离最短？你能帮蚂蚁求出最短距离吗？

（1）如图 4 – 1 – 11（b）所示，把侧面 $A'D'DA$ 沿棱 AD 展开，使它与面 $ABCD$ 重合，此时，最短距离应该是长方形 $A'BCD'$ 的对角线 $A'C$ 的长，$A'B = 3 + 6 = 9$，$BC = 5$，则 $A'C = \sqrt{9^2 + 5^2} = \sqrt{106}$（cm）。

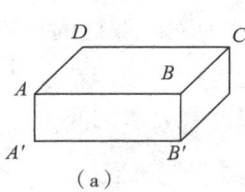 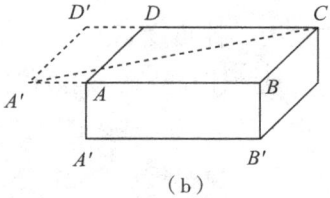

（a）　　　　　　　　（b）

图 4 – 1 – 11

（2）如图 4 – 1 – 12 所示，把侧面 $A'B'BA$ 沿棱 AB 展开，使它与面 $ABCD$ 重合，此时，最短距离应是长方形 $A'B'CD$ 的对角线 $A'C$ 的长，则有 $A'C = \sqrt{8^2 + 6^2} = 10$（cm）。

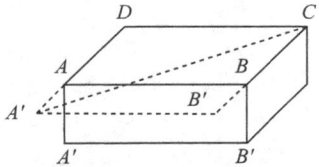

图 4 – 1 – 12

（3）如图 4 – 1 – 13 所示，把侧面 $A'B'BA$ 沿棱 BB' 展开，使它与面 $B'C'BC$ 重合，此时，最短距离应该是长方形 $A'C'CA$ 的对角线 $A'C$ 的长，则 $A'C = \sqrt{3^2 + 11^2} = \sqrt{130}$（cm）。

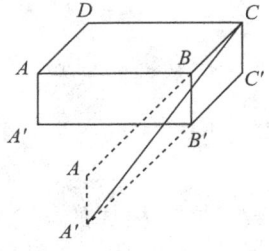

图 4 – 1 – 13

综上所述，对三种不同的展开方法，（2）中的距离最短。

【教学反思】

问题的延伸与挖掘显然是学生感兴趣的，这既丰富了学生的空间想象能力，又进一步拓展了学生的思维运用能力。从圆柱体到正方体最后到长方体的转化，从一种思维方式到多种角度思考的拓展，我不禁为学生敏捷的思维感到骄傲，同时希望能在定量的计算转到问题的定性分析上有所突破。特别是最后的长方体问题上三种情况的考虑。显然每每遇到此类问题都对三种状况加以考虑并无不可之处，但究竟何种展开方式能构造出最短路径呢？还应从三边的长度着手。设三边长为 a，b，c 且 $a > b > c$。

如图 4 – 1 – 11 所示，$A_1C^2 = (a+c)^2 + b^2 = a^2 + b^2 + c^2 + 2ab$ ①

如图 4 – 1 – 12 所示，$A_1C^2 = (b+c)^2 + a^2 = a^2 + b^2 + c^2 + 2bc$ ②

如图 4 – 1 – 13 所示，$A_1C^2 = (a+b)^2 + c^2 = a^2 + b^2 + c^2 + 2ab$ ③

$\because a > b$，$\therefore ac > bc$

$\because b > c$，$\therefore ab > ac > bc$

所以②中的距离最短。

八年级上册第二章《感受无理数》教学案例

九江市同文中学　晏婧

【教材分析】

实数是进一步学习数学的基础，数的发展和数系的扩展都源于实数，而无理数又是进一步认识实数的基础，因此学好无理数对后面实数的学习有十分重要的作用。

本堂课是在学生了解无理数及二次根式的概念后设计的一节实验探究课，设计该课的原因一方面是基于学生在认识无理数之后，对无理数的概念和表现形式还处于一知半解的状态，对于数轴上有没有无理数的位置也是模棱两可；另一方面是基于学生在认知结构中对于无理数有哪些、现实中哪些数是无理数，基本没有相应的知识储备。

因此本堂课将通过一系列丰富多彩的实验活动，让学生在动手探究中对无理数有更深刻的认识，并在活动中进一步发展学生独立思考的意识和合作交流的能力，让学生在学习中领悟数学知识来源于生活，体会数学知识与现实世界的联系。本堂课不仅完善了学生的知识结构，而且培养了学生的想象力，渗透了数学思想，发展了学生的逻辑思维，对学生今后的数学学习具有较好的促进作用。

【学情分析】

通过前面《认识无理数》及《平方根》两节课的学习，学生已经能进一步理解勾股定理和无理数之间的关系。在本堂实验课，学生将手脑并用，通过算一算、拼一拼的过程，在图形中感受无理数，并通过这些活动过程发展几何直观能力，提高推理能力，锻炼运用数形结合的思想解决问题的能力，培养动手操作及观察能力，提升数学思维和创新能力。

【教学目的】

通过一系列动手活动，让学生在数轴上找表示无理数的点，并利用网格找长度为无理数的线段，感受无理数与图形的联系，以及无理数存在的必要性和合理性，培养学生的动手能力和合作精神，并且在数轴上找无理数及在网格中画边长为无理数的平面图形的过程中，培养学生的科学探究、团队合作精神，渗透数形结合、特殊到一般、类比转化的数学思想方法。

【教学过程】

（一）实验目的

通过在数轴上找无理数及在网格中画边长为无理数的平面图形等一系列活动，让学生对无理数有更深入的了解，并通过这种形式激励学生积极参与教学活动，提高学生学习数学的热情，引导学生充分进行交流、讨论与探索等教学活动，培养学生的合作与钻研精神。

（二）实验准备

边长为 1 的正方形纸片若干，半径为 1 的圆形纸片，网格纸若干，剪刀，圆规，刻度尺。

（三）实验内容与步骤

活动一：

（1）在数轴上放一张半径为 1 的圆形纸片（图 4－1－14），将纸片圆周的一处标记为 A 点，并放在原点处，再将直尺边缘与数轴重合，将纸片滚动一周后，你能知道此时数轴上标记点 A 表示的数是什么吗？这是一个有理数吗？

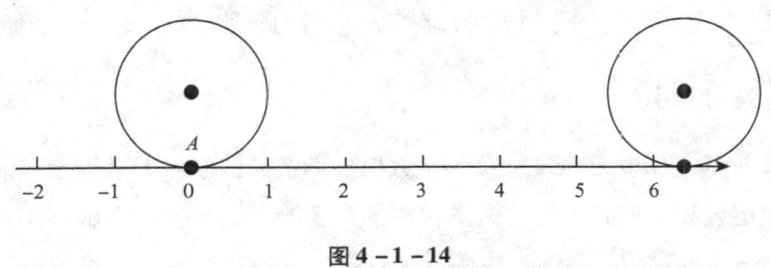

图 4－1－14

解答：

点 A 表示的数是 2π，是无理数。

（2）将两个边长为 1 的小正方形（图 4－1－15）通过剪、拼，如何得到一个大正方形？大正方形的边长是有理数还是无理数？这个数如何表示？

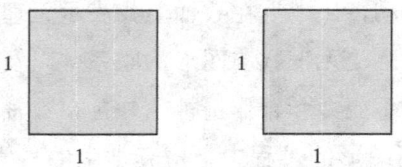

图 4－1－15

解答：

将两个小正方形分别沿其中一条对角线剪开（图 4－1－16），然后以对角线为边长 a 拼成大正方形；边长是无理数，可用根式表示为 $\sqrt{2}$。

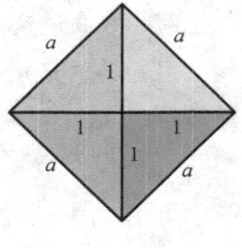

图 4－1－16

设计意图： 第一个活动设计从在数轴上找数 π 开始，主要目的是以学生熟悉的无理数为主要切入口，体现了由易到难、由简单到复杂、由熟悉到陌生的一般规律，符合学生认知发展水平。学生虽然知道 π 是无理数，但是对于数轴上该点的位置只有一个模糊的认知，基于此，设置半径为 1 的圆形纸片在数轴上由原点出发滚动一周的数学实验，能够具体、直观地将 π 这个数表示的点体现在数轴上，将 π 变成了看得见、摸得着的数，并且使学生初步理解了无理数可以用数轴上的点来表示。

其次设计剪一剪、拼一拼的活动，让学生充分活动起来，经历拼的过程，感受拼的过程中面积不变，初步体会"化方"的过程，引出后面的活动，并通过 $\sqrt{2}$ 指出无理数还有很多其他形式，让学生体会无理数是大量存在的。

活动二：

（1）在数轴上找到表示 $\sqrt{2}$，$\sqrt{5}$，$\sqrt{10}$ 的点（图 4 – 1 – 17）。

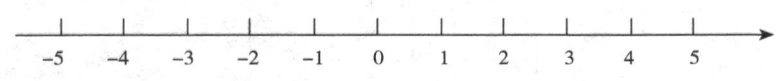

图 4 – 1 – 17

解答（图 4 – 1 – 18）：

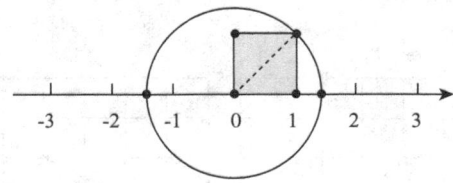

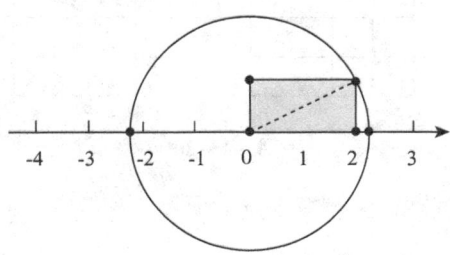

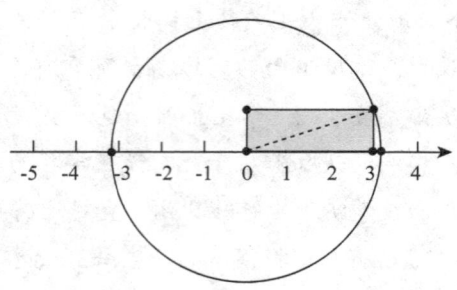

图 4 - 1 - 18

（2）在网格纸中画出边长分别为 $\sqrt{2}$，$\sqrt{5}$ 的正方形（图 4 - 1 - 19）。

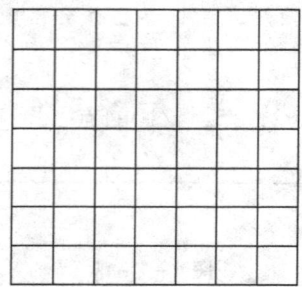

图 4 - 1 - 19

解答（图 4 - 1 - 20）：

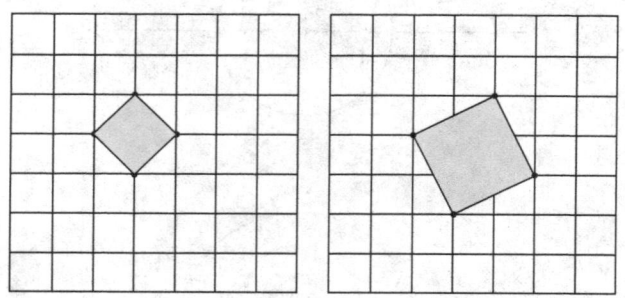

图 4 - 1 - 20

设计意图：在数轴上找表示二次根式的点，为之后的实验活动打下基础，总结二次根式的几何表示方法，使学生形成初步的活动经验。将二次根式的载体由数轴变为网格纸，让学生感受到虽然问题情境变了，但解决问题的方法万变不离其宗。通过该操作过程，让学生感受正方形的边长与面积之间的关系，锻炼学生自主学习的能力，为下一环节的学习做铺垫。

活动三：

（1）准备 5 个边长为 1 的连续小正方形（图 4 - 1 - 21），如何将之分割并拼成一个大正方形？

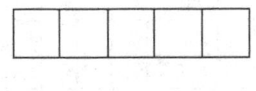

图 4 - 1 - 21

解答（图 4 - 1 - 22）：

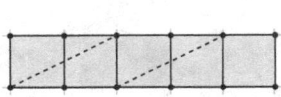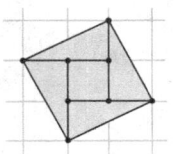

图 4 - 1 - 22

（2）准备 10 个边长为 1 的连续小正方形（图 4 - 1 - 23），如何将之分割并拼成一个大正方形？

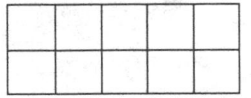

图 4 - 1 - 23

解答（图 4 - 1 - 24）：

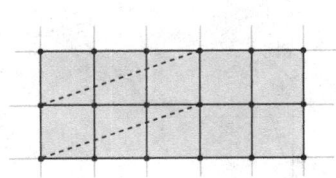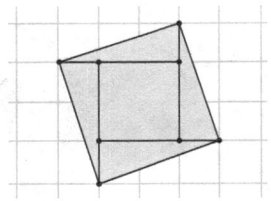

图 4 - 1 - 24

设计意图：本活动是活动二的延伸，通过活动二，学生已经感受了数形结合的思想，了解了正方形的边长、面积与画图的关系，在活动三中，也会用相同的方法分割、剪拼，从而发展学生的推理能力。

活动四：

（1）在网格纸（图 4 – 1 – 25）中画出边长为 $\sqrt{5}$，$\sqrt{10}$，$\sqrt{13}$ 的三角形。

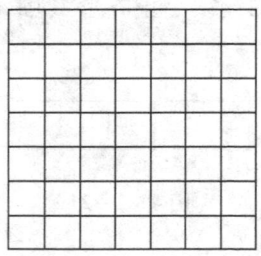

图 4 – 1 – 25

解答（图 4 – 1 – 26）：

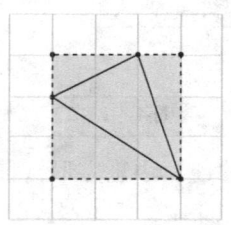

图 4 – 1 – 26

（2）一个六边形的花坛被分割成 7 个部分（图 4 – 1 – 27），其中正方形 $ABRP$，$CDQR$，$EFPQ$ 的面积分别为 13，10，17，且 $\triangle PRQ$，$\triangle APF$，$\triangle BRC$，$\triangle DQE$ 的面积相等，求六边形花坛 $ABCDEF$ 的面积.

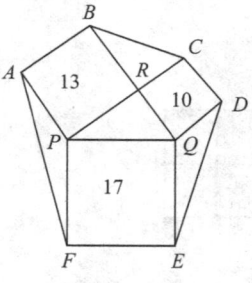

图 4 – 1 – 27

解答：

由题意可知，正方形 $ABRP$，$CDQR$，$EFPQ$ 的面积分别为 13，10，17，因此

$\triangle PRQ$ 的三边分别为 $\sqrt{13}$，$\sqrt{10}$，$\sqrt{17}$，在网格中作出这个三角形（图 4 - 1 - 28），并利用割补法求出它的面积为 5.5，根据四个三角形面积相等，可得六边形的面积为 $10 + 13 + 17 + 5.5 \times 4 = 62$。

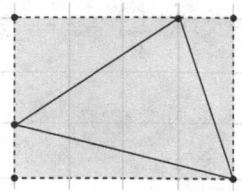

图 4 - 1 - 28

设计意图：活动四的问题分为两个层次。层次一，通过前面的活动，学生已经会画长度为二次根式表示的有理数的线段，问题（1）要求将这样的线段组成三角形，利用数形结合思想解决问题，主要目的在于让学生感受二次根式知识在图形中的应用；层次二，问题（2）是在问题（1）的基础上设计的，该问题与生活实际联系，将数学融入生活，将前面的问题进一步深入，目的在于让学生融会贯通，提高学生的解题能力，激发学生的学习兴趣。

【课堂总结】

师：通过本课的学习，你有哪些收获？与同伴进行交流。

设计意图：梳理本节课的内容和思想方法。本节课中的三个探究活动让学生初步感受无理数是大量存在的，并且通过作图在数轴上及网格中体会无理数；利用"化方"思想在数轴上及网格中找无理数表示的线段及图形的操作方法。

【教学反思】

教师要在实验操作中启发学生进行数学思考（从数轴上升到网格只是一种操作，不是思考），最后上升到让学生自己构图计算六边形的面积，这就是脱离操作的一种深层次的思考。同时教师引导学生有序思考，学生一开始在数轴上操作滚动圆片时是无序的滚动，教师总结后不管怎么滚动都离不开"起点、方向、长度"；网格中的连多条线段不是无序地乱画，而是有序地从一个点出发的连线，其中有长度是有理数的线段，也有长度是无理数的线段。

八年级上册第四章
《一次函数的图象》教学案例

九江市同文中学　熊雪景

【教材分析】

《一次函数的图象》共有 2 个课时，本课时为第一课时。在学完一次函数概念的前提下，继续研究一次函数的图象及其相关性质。作为《一次函数的图象》的第一课时，内容上是先通过学习函数图象的概念，从简单函数（正比例函数）入手，让学生第一次正式研究函数图象，经历列表、描点、连线的画图过程，归纳正比例函数图象的画图步骤，在理解图象上的点与满足函数关系式的点之间的关系的同时掌握正比例函数的图象为一条直线的共性，并让学生在画正比例函数图象的过程中，感受不同 k 值与其相应图象有什么样不同的特征，如增减的趋势、变化的快慢等。这节课的学习使学生建立了函数关系的数形转换的思想，也为今后求解方程、求解不等式提供了新的途径。

【学情分析】

学生以前虽然没有正式研究过函数的图象，但对函数图象并不陌生，在七年级下学期学习的《变量之间的关系》中，学生已经接触了大量"图象"，并掌握了变量关系的三种表示方法（列表法、关系式法、图象法），所以学生对利用图象表示变量之间的关系已有所认识，并能从图象中获取相关的信息，但对函数关系式与图象的联系还比较陌生，因此突破函数关系式与图象的对应关系是本节课的难点。另外，学生已经掌握了一次函数的概念及相应的分类，也为本课时研究正比例函数做了铺垫。

【教学目标】

理解函数图象的概念，初步了解正比例函数图象的画法和理解正比例函数的简单性质；根据关系式熟练画出正比例函数的图象，能通过 k 的正负情况，准确判断图象的增减，培养学生数形结合的思想。

【教学过程】

（一）复习引入

感受函数图象表示函数关系的直观性。翻开课本 83 页，尝试理解函数图象的概念，随后学生与教师一同解读概念，形成认识。

问题设计：函数有哪三种表示方法？（关系式法、列表法、图象法）什么是函数图象？（把一个函数的自变量和对应的因变量作为点的横坐标与纵坐标，在平面直角坐标系上描出相应的点，所有这些点组成的图形叫作函数的图象）

设计意图：观察学生是否能准确地理解函数图象的概念。有些函数关系很难用关系式来表示，却能用图象法来直观反映，如气温、心电图等。有些能用关系式法来表示的函数关系，如果用图象表示，那么它的变化趋势会更加明显。让学生体会研究函数图象可以给我们的生活带来便利。

（二）画出正比例函数 $y=2x$ 的图象

1. 函数→对应值（x，y）

根据概念教师先给 $y=2x$ 一个简单的对应值 $x=0$，$y=0$，并写成坐标的形式（0，0），再引导学生在原点附近取几个 x 的值，并给出这几组对应值及相应坐标（图 4-1-29）。

x	$\cdots$	-2	-1	0	1	2	$\cdots$
y	$\cdots$	-4	-2	0	2	4	$\cdots$

$$\downarrow \quad\quad \downarrow \quad\quad \downarrow \quad\quad \downarrow \quad\quad \downarrow$$

$$(-2,-4) \quad (-1,-2) \quad (0,0) \quad (1,2) \quad (2,4)$$

图 4-1-29

问题设计：这样的对应值还有吗？

问题预设：

（1）$x=-2$ 时，$y=-4$；$x=-1$ 时，$y=-2$；$x=0$ 时，$y=0$；$x=1$ 时，

$y = 2$；$x = 2$时，$y = 4$……

（2）还有，有无数组。

（3）因为 x 的取值是任意实数，所以 x 的取值有无数个，对应的 y 值也有无数个，形成的对应值及坐标也会有无数个，但我们没办法一一列出，所以只能表示出有限个，而那些没有标识出来的 x 与对应的 y 值，我们通常用省略号代替。

活动：通过描点，观察描点的过程，体会“数”如何转化为“形”。

设计意图：能准确找出每一组对应值在直角坐标系上的对应点。

2. 对应值 $(x，y)$ →点

问题设计：有了这些坐标，我们下一步做什么？

活动：将对应点的坐标 $(-2，-4)$，$(-1，-2)$，$(0，0)$，$(1，2)$，$(2，4)$ 分别在直角坐标系上描出相应的位置。（图 4 - 1 - 30）

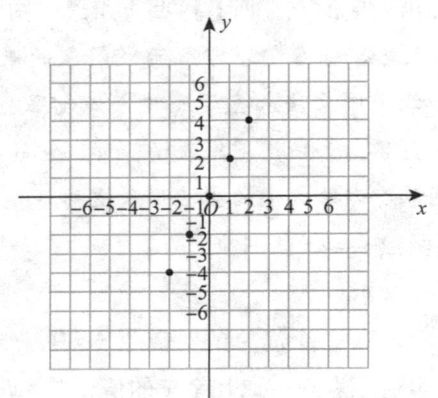

图 4 - 1 - 30

问题预设：

（1）思考没有给出坐标的那些点如何表示。

（2）我们根据所得的坐标进行描点，一组值就可以在直角坐标系上描出一个点，这就实现了“数”向“形”的转换。

（3）一组对应值就可以描一个点，x 要是再取几个值，我们就可以多描出几个点；x 的值要是都取到了，所有点就都描出来了。可是 x 的值是取不完的，实践中探讨用什么办法取所有的 x 的值，讨论没有给出坐标的那些点如何表示。

设计意图：体会函数关系式中的每一对取值都能对应一个具体的点。

3. 点→图象

问题设计：我们现在只描出 5 个点，其他的点在哪里？如何表示呢？

问题预设：

（1）为了得出函数图象，要在已经描好的点的基础上（图 4-1-31），根据这些点的分布情况及发展趋势，将没有描出来的点用连线的方式大致表示出来。

（2）将已描各点根据自变量由小到大的顺序依次连接。（很有可能会画出一条线段）

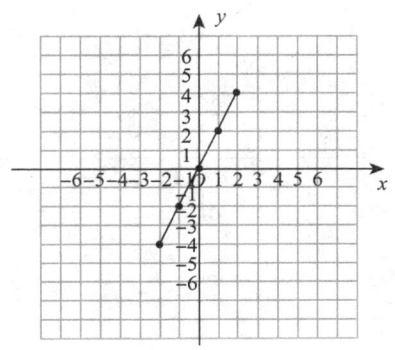

图 4-1-31

设计意图：观察描点的过程，体会"数"如何转化为"形"，能准确找出每一组对应值在直角坐标系上的对应点。

问题设计：这就是正比例函数 $y=2x$ 的图象（图 4-1-32）了吗？

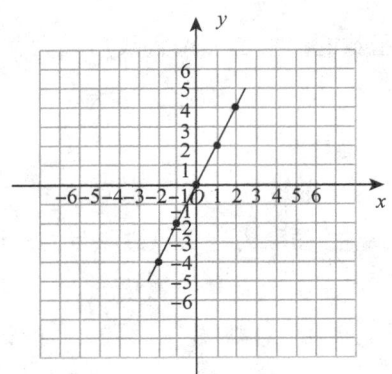

图 4-1-32

设计意图：引导学生根据概念，理解图象是由所有点组成的图形，并观察点（2，4）的右边和（-2，-4）的左边都还有无数个点，所以同样要用线的方式来加以表示。在学生自己总结画图方法，得出画图步骤的过程中，教师适时引导、补充。

（三）实践与思考一

实践：画出正比例函数 $y = -2x$ 的图象。（图 4 - 1 - 33）

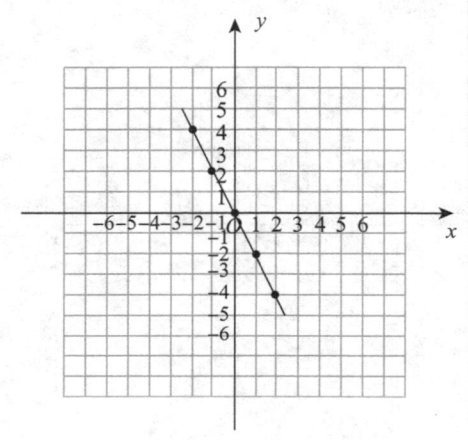

图 4 - 1 - 33

问题设计：

（1）大家能看出正比例函数 $y = 2x$ 和 $y = -2x$ 的图象的特点吗？$y = kx$ 的图象的特点呢？

（2）清楚了正比例函数的图象是一条直线后，大家在正比例函数图象方面有没有进一步的认识呢？

问题预设：

（1）$y = -2x$ 的图象为一条经过原点的直线。

（2）正比例函数 $y = kx$ 的图象为一条经过原点的直线。

（3）描出两个点就可以了，或有其他想法。

设计意图：指导学生完成正比例函数 $y = -2x$ 的图象的绘制过程，让学生根据自己所画的图象来进行讨论。以提问的方式引导学生得出 $y = 2x$ 和 $y = -2x$ 的图象的特点，展示前后所画的两个正比例函数图象。学生能够通过理解得出正比例函数图象的性质，并在画图方面有新的认识。

（四）实践与思考二

实践：运用两点法画图，分别画出两个正比例函数 $y = \frac{1}{3}x$ 与 $y = -\frac{1}{3}x$ 的图象。（图 4 – 1 – 34）

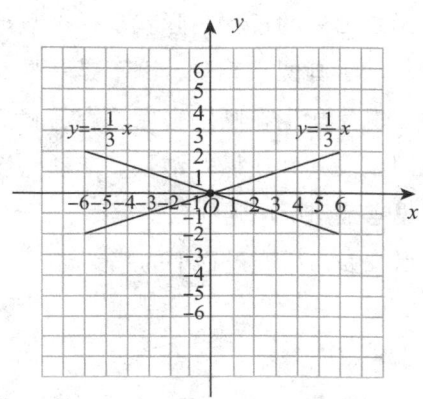

图 4 – 1 – 34

活动：组长上台展示，总结自己小组的发现。

当 $k > 0$ 时，图象分布在一、三象限，从左往右呈上升状态，y 的值随 x 的增大而增大；当 $k < 0$ 时，图象分布在二、四象限，从左往右图象呈下降状态，y 的值随 x 的增大而减小。

设计意图：让学生用自己的语言概括 k 值对函数图象的影响，加深学生对一次函数图象性质的认识。

【课堂总结】

1. 学生分享自己的收获：知识上的、经验上的、意识上的……

2. 教师提炼小结：本节课的学习，你用到了哪些数学知识？掌握了什么数学方法？

了解了函数图象的概念，学会了正比例函数图象的画法，探究出正比例函数的简单性质。由正比例函数的关系式画出相应的图象，体现了"数"与"形"之间的联系。

通过正比例函数图象的画法及图象性质的研究，逻辑思维能力从经验型逐步过渡到理论型，同时增强了数形转化能力和识图能力。

【教学反思】

本节课是学生初中阶段第一次画函数图象，由关系式得到数再得到点的坐标然后转化成一个个点，最后将这些点用平滑的曲线连成图形，所描的点越多，所连的图象就越准。画函数图象的过程实际就是一个数形转化的过程，这个环节一定要让学生通过自己动手画图来感受，而不是一带而过，从而既加深学生对图象形成过程的认识，也让学生在画图之后更容易找到函数图象的性质，同时为后续学习其他函数图象及其性质做好铺垫。活动完后要关注本节课目标的达成情况，组织学生反思本节课所用到的数学模型、研究思路以及思想与方法，并让学生反思、总结自己在参与研究过程中的感受与收获。

八年级上册第四章
《一次函数图象的应用——柳卡趣题》教学案例

九江市同文中学　钟敏

【教材分析】

函数是研究现实世界变化规律的重要模型，它一直是初中阶段数学学习的重要内容。北师大版数学教材《一次函数》的内容设计充分体现了"问题情境—建立数学模型—解释、应用与拓展"的模式，能够使学生了解一次函数的有关性质和研究方法，初步形成利用函数的观点认识现实世界的意识和能力。本节课是以"一次函数图象的应用"为教学知识基础的一节拓展课，它引入了历史上较为有名的柳卡趣题进行讨论研究，一方面致力于学生数形结合、数学建模、几何直观等核心素养的培养；另一方面以数学文化为背景，在拓宽学生知识视野的同时，鼓励学生阅读、了解、尝试、挑战数学名题，在经历适当的数学研究活动后，使学生感受人类的数学智慧，发展学生的数学创造才能。

【学情分析】

在经历了《一次函数》前四节的学习之后，学生已经初步学习和掌握了一次函数的基本性质。传统的函数教学相对强调"数"的特征，而弱化了函数图象"形"的特征，学生识图、用图的能力较弱，数形结合的意识不强。本节内容设计了多个活动，让学生通过图象获取信息，通过信息建立模型，特别关注利用一次函数图象来解决实际问题，发展应用意识；经历函数图象信息的识别与应用过程，发展几何直观。

【教学目的】

1. 知识目标：函数的学习循序渐进、螺旋上升，从柳卡趣题探究入手，进一步学习一次函数图象的应用拓展。历史上柳卡趣题的解决方法多样，而唯独图象法简单、直观，作为课例延伸内容恰到好处。

2. 能力目标："数"与"形"是一切数学对象不可分割的两个方面，本节内容的探究便是应用一次函数图象很好的实例。一方面，需要提升学生对图象的理解水平和解决问题过程中的表述水平；另一方面，加强图象识别与应用方面的训练，发展学生的几何直观、数形结合能力，避免数学教学"代数化"倾向。鼓励学生从数、形多方面认识函数，促进学生新的认识结构的建构和数学应用意识的发展。

3. 情感要求：充分挖掘生活中的实际素材，特别是充分利用能引起学生探索兴趣的数学名题，加强数学与现实的联系，让学生体会数学的广泛应用。增强数学学习的文化背景，丰富数学问题的情感要素，使学生充分感受历史名题的灵魂，仿佛在跨越时空与历史对话，使结论的得出更能引起学生的共鸣。

【教学过程】

（一）画"出行方案"

某教师从九江出发到丰城参加教研活动，出行前她利用手机查询软件规划了两个方案：

方案一，早上 6：30—7：30 从九江乘坐动车至南昌，到达南昌火车站后转乘汽车花去约 1h，再乘坐汽车 1h 到丰城。

方案二，早上6：30从九江出发上高速，自驾3h到丰城。不包含在南昌服务区休息0.5h。

九江距离南昌约140km，南昌距离丰城约70km，南昌位于九江和丰城之间，且三地可近似地看成在一条线上。如果把这些交通工具均看作匀速行驶，你能分别画出两种方案中该教师离九江的距离 y（km）与出发时间 x（h）之间的函数图象吗？

问题设计：

（1）该函数是什么函数？它的图象是什么？（一次函数，直线）

（2）如何画一次函数图象？（两点确定一条直线，确定两个特殊点的坐标即可）

（3）该题的自变量有取值范围吗？它的图象还是直线吗？（线段）

（4）描述图中特殊点的实际意义是什么。

设计意图： 从教师的生活情境出发，设计该活动，体现生活中数学知识的应用，鼓励学生尝试用数学的语言来描述现实世界，利用数学知识来解决实际生活问题。主要考查的知识点包括：通过建模将实际问题抽象成几何模型，并利用一次函数图象的知识将它直观地表现出来，感知函数的取值范围与图象之间的关系，训练一次函数的画图能力，为后续教学"活动三"做知识引导与铺垫。

（二）讲"龟兔赛跑"

观察图4-1-35，解答下列问题。

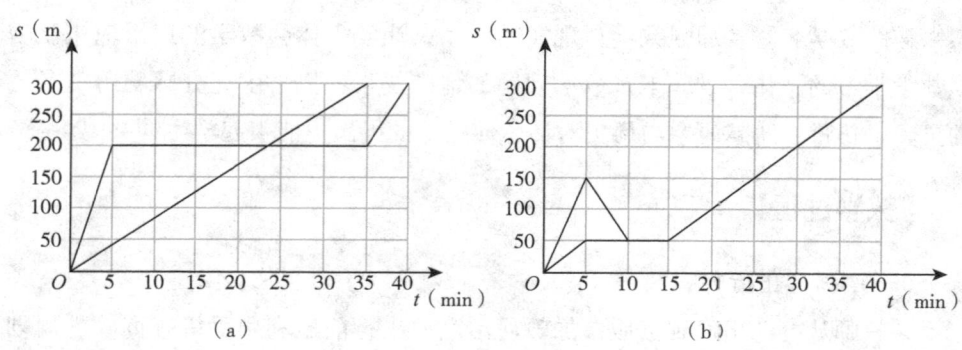

（a）　　　　　　　　　　　　（b）

图4-1-35

（1）填空：两图中的_____图比较符合寓言故事《龟兔赛跑》中所描述

的情节。

（2）请你根据另一幅图，充分发挥你的想象，自编一则新的"龟兔赛跑"的寓言故事。

预设结果：

问题（1）：图 4 - 1 - 35（a）符合传统寓言故事《龟兔赛跑》中所描述的情节。

问题（2）：在图 4 - 1 - 35（b）中，跑在前面的兔子看到乌龟受伤了，折返回去，帮助乌龟处理伤口，在兔子的鼓励和帮助下，两只小动物一起到达了终点。

设计意图：在经历了由实际问题建模画一次函数图象这一学习过程之后，活动二主要学习考查用语言来描述函数图象信息，提高学生的数学表述水平。传统故事"龟兔赛跑"中"朋友互助"这一情境的预设也充分体现了对学生情感价值观引导的渗透，这也是对传统文化的延续。

（三）探柳卡趣题

1. 故事引入

在 19 世纪的一次国际数学会议期间，有一天，正当来自世界各国的许多著名数学家晨宴快要结束的时候，法国数学家柳卡向在场的数学家提出困扰他很久、自认为"最困难"的题目。

2. 柳卡问题

某轮船公司每天中午都有一艘轮船从哈佛开往纽约，并且每天的同一时刻也有一艘轮船从纽约开往哈佛。两艘轮船在途中所花的时间来去都是七昼夜，而且都是匀速航行在同一条航线上。今天中午从哈佛开出的轮船，在开往纽约的过程中，将会遇到几艘同一公司的轮船从对面开来？

问题提出后，果然一时难住了与会的数学家们。尽管对此问题大家进行了广泛的探讨与激烈的争论，但直到会议结束还没有人真正解决这个问题。这个有趣的数学问题被数学界称为柳卡趣题。

3. 问题设计

（1）你愿意挑战一下这个"世界难题"吗？

（2）相遇问题一般如何解决？

（3）在一次函数图象中如何体现相遇？

（4）你会画出这次轮船航行的图象吗？如何建立平面直角坐标系？

（5）学生尝试画图，教师观察反馈，师生共同探讨。

设计意图：以数学名题为历史背景，让学生了解数学文化，感受名家生活的同时，浸入式探究柳卡问题。该题的实质为多个物体之间的相遇问题，历史上其实有很多解法，图象法相对更简洁、直观，利用问题串的形式引导学生由采用传统"代数法"逐步转向采用"几何法"，从而实现学生思考角度、思维方式及解法思想的转变。

4. 实践操作问题预设

（1）自变量和因变量的选取。（多个因变量与自变量之间的关系，即需要在同一平面直角坐标系中画出多个函数与同一自变量之间的图象）

（2）平面直角坐标系的建立，特别是单位刻度的设计。（根据实际情况考量单位刻度，显然以轮船开出的间隔时间——一天为宜）

（3）明确相对关系，即确定到某地的距离为因变量。（相对运动，如可选取"轮船离哈佛港的距离"为函数，实践探讨中亦可选取"轮船离纽约港的距离"为函数，不影响问题的探索）

（4）画函数图象。（通过起点、终点信息描点画图，对学生而言有一定的模仿性，比较简单。但操作中，学生容易忽视从出发前就已经在路上的轮船情况，如图 4-1-36 如示，从而导致得出错误答案）

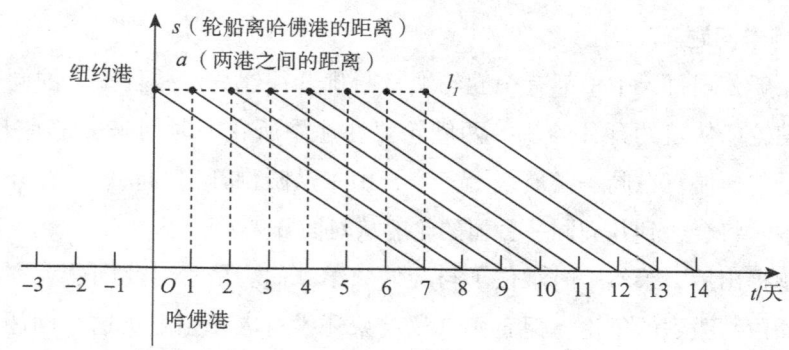

图 4-1-36

（5）师生共同探讨从而得出以下完整图形（图 4-1-37），通过找一次函数图象交点的方式来确定相遇的轮船数量。

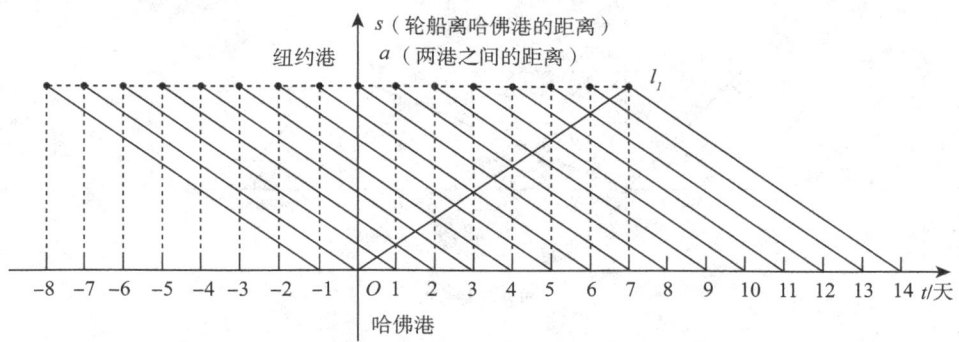

图 4 - 1 - 37

（四）试"邮车问题"

在匈牙利，"邮车问题"被称为"邮车相遇问题"，因为在匈牙利著名作家卡尔曼·米克沙特所著的名著《奇婚记》中，有一个类似的邮车相遇算题。解这类问题的图，一般被称为"时间—路程图"或"运行图"。

1. 问题再探

某路电车，由 A 站开往 B 站，每 5 min 发一辆车，全程为 20 min。有一人骑车从 B 站到 A 站，在他出发时恰有一辆电车进站，当他到达 A 站又恰有一辆电车出站。

2. 问题 1

如果骑车人由 B 站到 A 站共用 50 min，则他一共遇到多少辆迎面开来的电车？

实践操作问题预设：

（1）联系柳卡趣题中相遇问题的解决方式，在同一直角坐标系中画出两事物匀速运动的函数图象，若相交，则为相遇。由于每辆相关车辆到 B 站的距离 s 是行车时间 t 的一次函数，仿照上题在同一直角坐标系中画出不同车辆与时间之间的函数关系图象，骑车人的函数图象与电车函数图象（若干辆电车）的交点个数即为相遇车辆的数目。

（2）同样的问题，可以简化画图步骤，利用图象确定第一次相遇与最后一次相遇的时间点，便可通过数学计算的方法得出相遇次数。如图 4 - 1 - 38 所示，计算可得相遇（50 - 0）÷5 + 1 = 11（辆）。

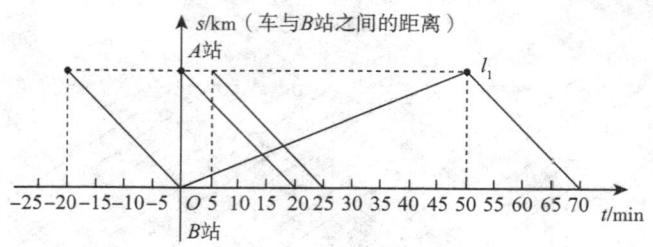

图 4 - 1 - 38

设计意图：再次从数学文化背景入手，无独有偶，同类型问题的研究与匈牙利的"运行图"相同，由此可见，无论身处何处，数学学科的研究都是相通的、共享的。该活动问题 1 的设计旨在"原题重现"，由学生独立完成，反馈前期学习的成效。

3. 问题 2

若骑车人在中途遇到对面开来的电车共 10 辆，则他出发后多少分钟到达 A 站？

4. 问题 3

若骑车人同某辆电车同时出发由 A 站返回 B 站，骑车人用 40min 到达 B 站时又恰有一辆电车进站，在中途有多少辆电车超过他（图 4 - 1 - 39）？

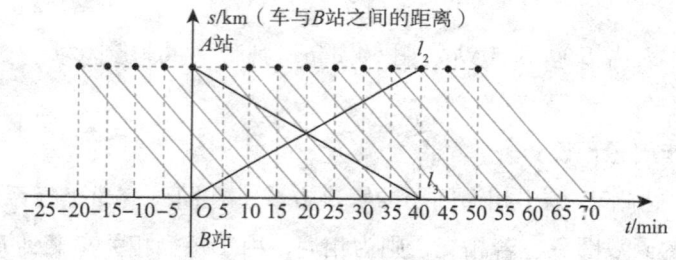

图 4 - 1 - 39

实践操作问题预设：

（1）问题设计再次变得巧妙，设计角度亦发生了改变——从问题 1 的已知行驶时间求相遇车辆数目转变为问题 2 的已知相遇数目求行驶时间，进一步提升学生解决问题的能力。学生只有切实理解题目要义，掌握数形结合的思维方法，才能快速答题。这样的设计避免了简单的模仿操作导致的模糊学习、无效学习。

（2）问题3将相遇问题转化为追及问题，在教师的引导下，学生能较快理解题目考查角度，再次利用图象法解决，更直观便捷。

设计意图：问题2、问题3的设计充分体现了该问题的递进与联系，多维度、多角度的设问充分考查了学生对该问题的解决能力。有效的数学学习过程不能单纯地依赖模仿与记忆，更需要引导学生主动地进行观察、操作、交流、归纳等探索活动，从而使学生形成对数学知识的理解和有效学习模式。

（五）觅"中考习题"

（2015 江西）甲、乙两人在100m直道 AB 上练习匀速往返跑，若甲、乙分别在 A，B 两端同时出发，分别到另一端点掉头，掉头时间不计，速度分别为 5m/s 和 4m/s。

（1）在坐标系中，虚线表示乙离 A 端的距离 s（单位：m）与运动时间 t（单位：s）之间的函数图象（$0 \leq t \leq 200$），请在同一坐标系中用实线画出甲离 A 端的距离 s 与运动时间 t 之间的函数图象（$0 \leq t \leq 200$）（图4-1-40）。

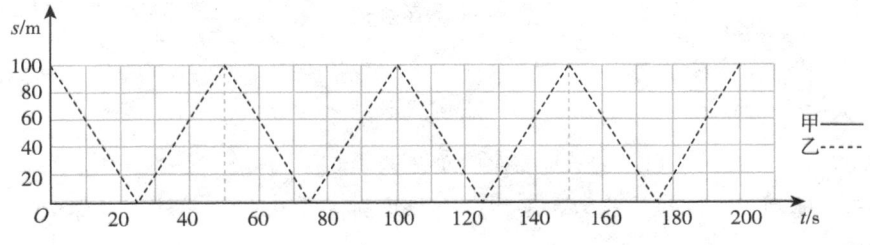

图4-1-40

（2）根据（1）中所画图象，完成表4-1-2。

表4-1-2

两人相遇 次数/次	1	2	3	4	…	n
两人所跑路程 之和/m	100	300			…	

（3）①直接写出甲、乙两人分别在第一个100m内，s 与 t 之间的函数解析式，并指出自变量 t 的取值范围。

②求甲、乙第6次相遇时 t 的值。

设计意图：由中考题中觅得柳卡趣题的身影，进一步深化了解相关问题的拓展。学生兴趣正浓，感受到数学学习真的十分奇妙。

【课堂总结】

这节课的学习，你用到了哪些数学知识？掌握了什么数学方法？

（1）知识方面：通过一次函数的图象获取相关的信息，根据已知条件绘制一次函数图象。

（2）数学思维：数形结合思想，利用函数图象解决简单的实际问题。

（4）数学能力：增强了识图能力、建模能力、应用能力。

著名数学家华罗庚的一首教学诗：

数与形，本是相倚依，

焉能分作两边飞？

数缺形时少直觉，

形少数时难入微。

数形结合百般好，

隔离分家万事非。

切莫忘，几何代数统一体，

永远联系切莫离！

设计意图：从知识、能力、思维三个维度引导学生归纳总结本节课的主要内容，培养学生的语言表述能力和归纳总结能力。以著名数学家华罗庚的打油诗作为结束语，揭示数形结合思想优势的同时，更于无声中渗透数学的语言文化。

【教学反思】

1. 将数学文化融入课堂，增加数学课堂的文化品位，是提升数学教学品质，从而实现数学教育"三维"目标全面达成的一条重要途径。通过大量阅读及资料查找，本课例收集了许多素材，巧妙地将生活情境（出行方式选择）、寓言故事（龟兔赛跑）、世界名题（柳卡趣题）、小说情节（行程图）、中考试题（相遇画图）、名家诗句（华罗庚的打油诗）等6项内容整合一起，进行融合教学。学生的数学学习内容应当是现实的、有意义的、富有挑战性的，从这个角度讲，数学应用教学是数学学科与数学文化的切入点。四个活动的设计由易及难，层层进阶，恰到好处地展示了函数图象这一知识点本身的内涵以及应用价值。数学文化的显性学习体现在数学知识的产生背景、数学的语言和问题、数学家、数学史以及数学在日常生活和其他科学中的应用等方面；而隐性学习则蕴含于数学知识的形成、发展和应用过程之中的那些意识形态和精神领域的因素，如数学的思想、方法、观念、意识、态度、精神和数学美等。挖掘生活素材、体现应用价值、设计兴趣活动将成为数学文化课设计的有效途径。

2. 数形结合思想对于培养和发展学生的几何直观和建模思想有很大的启发作用，利用数形结合思想进行解题可以使一些复杂问题简单化、抽象问题具体化。数形结合思想谨性与形的直观性两大优势，是优化解题过程的一种重要途径，在本课例一次函数题型中利用数形结合思想解决问题能产生事半功倍效果。该教学设计从"形辅数"入手，让学生充分感受此类数学思想的优势和特色，而后通过问题设计又过渡为"数辅形"，让学生在经历数学活动探究的过程中，感知两者之间相辅相依的关系，明白合理利用适切方法方能实现数学学习的决策优化。

九年级上册第六章
《反比例函数图象的性质探究》教学案例

九江市同文中学　倪修兰

【教材分析】

函数是研究现实世界变化规律的重要数学模型，本课之前，学生曾学习过"变量之间的关系"和"一次函数"等内容，对函数已经有了初步的认识。在此基础上研究反比例函数图象的性质，可进一步积累研究函数性质的方法与经验，有利于形成"函数意识"。在学习反比例函数图象时，学生已经学会画反比例函数的图象，并对 $k > 0$ 和 $k < 0$ 时函数图象的特点有了初步认识，本课时主要是在此基础上，通过对反比例函数图象的全面观察和比较，探索反比例函数的增减性，在质疑、讨论、交流中增强学生对图象的感知能力，加深学生对反比例函数性质的理解和掌握。

【学情分析】

在学习一次函数时，学生已经探究过一次函数的性质，积累了一定的活动经验，有了一定的方法感悟，在此基础上学习反比例函数图象的性质，可以进一步领悟函数的概念，积累探究函数性质的方法，为后续探究二次函数的图象和性质做好知识上和方法上的铺垫。

【教学目标】

通过画出反比例函数的图象，探索并理解反比例函数的主要性质，体会函数三种表示方法之间的联系和转化，发展数形结合的意识与能力，逐步提高观察、归纳和分析的能力，体验数形结合和分类讨论的思想。

【教学过程】

（一）要点回顾

1. 下列函数中，哪些是反比例函数？

（1）$y = \dfrac{1}{x+1}$；（2）$y = -\dfrac{3}{x}$；（3）$y = \dfrac{1}{x^2}$；（4）$y = \dfrac{2}{x}$；（5）$y = \dfrac{1}{3x}$。

2. $y = \dfrac{2}{x}$ 的图象是什么形状？有什么特点？$y = -\dfrac{3}{x}$ 呢？

设计意图：本环节避免单纯地复习定义以及对知识的简单复述，力图通过具体问题，让学生在解决问题的过程中加深对知识本身的理解。

（二）探究尝试

试一试：观察反比例函数 $y = \dfrac{2}{x}$，$y = \dfrac{4}{x}$，$y = \dfrac{6}{x}$ 的图象（图 4 - 1 - 41），你能发现它们的共同特征吗？

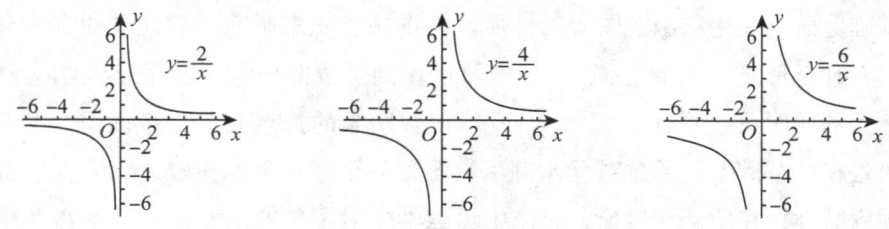

图 4 - 1 - 41

（1）函数图象分别位于哪几个象限？

（2）在每一个象限内，随着 x 值的增大，y 的值是怎样变化的？能说明这是为什么吗？

（3）反比例函数的图象可能与 x 轴相交吗？可能与 y 轴相交吗？为什么？

设计意图：本环节意在引导学生从对图象的直观观察开始，逐步上升到理性分析，遵循学生思维的发展规律，在有效问题的引领下，培养学生的逻辑思维能力和数形结合能力。

议一议：考查当 $k = -2$，-4，-6 时，反比例函数 $y = \dfrac{k}{x}$ 的图象（图 4 - 1 - 42），它们有哪些共同特征？

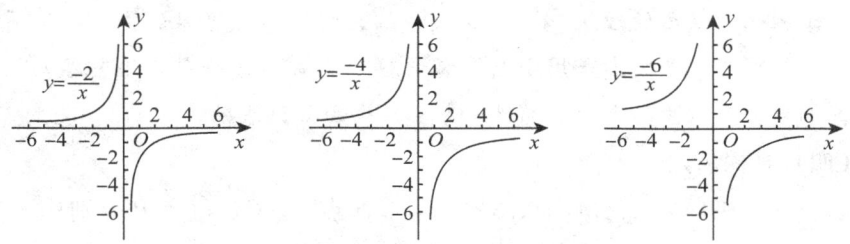

图 4 - 1 - 42

设计意图：通过对 $k < 0$ 时反比例函数图象特征的探究，培养学生利用数形结合的方法探究问题的意识，发展学生类比分析问题的能力，使学生在知识上更加完善，在能力上逐步提高。

说一说：你能尝试着说说反比例函数 $y = \dfrac{k}{x}$ 的图象有哪些共同特征吗？

设计意图："说一说"主要是将知识进行系统的归纳、概括，通过讨论、交流，形成完整、规范的结论，培养学生的语言表达能力和对知识的归纳、概括能力。

（三）实际运用

练一练：

1. 有下列函数：①$y = \dfrac{1}{x}$；②$y = -\dfrac{3}{x}$；③$y = \dfrac{1}{2x}$；④$y = -\dfrac{7}{x}$。

（1）图象位于二、四象限的有＿＿＿＿＿＿＿。

（2）在每一象限内，y 随 x 的增大而增大的有＿＿＿＿＿＿＿。

（3）在每一象限内，y 随 x 的增大而减小的有_____。

2. 若函数 $y = \dfrac{m+2}{x}$ 的图象在其象限内，y 随 x 的增大而增大，则 m 的取值范围是_____。

3. 点 $A(x_1, y_1)$，$B(x_2, y_2)$ 都在反比例函数 $y = -\dfrac{3}{x}$ 的图象上，若 $x_1 < x_2 < 0$，则 y_1，y_2 的大小关系是_____。

变式：点 $A(x_1, y_1)$，$B(x_2, y_2)$ 都在反比例函数 $y = -\dfrac{3}{x}$ 的图象上，若 $x_1 < x_2$，则 y_1，y_2 的大小关系是_____。

设计意图：通过几个小题的练习，使学生及时运用、巩固所学的知识，加深对反比例函数性质的理解。运用变式训练，拓展学生思维的广度，渗透分类讨论的数学思想。课堂上采用小组合作讲解的形式，让每个学生都参与表达与倾听，调动每个学生的主观能动性，夯实学生的知识基础。

（四）再探新知

想一想：在一个反比例函数图象上任取两点 P，Q，过点 P 分别作 x 轴、y 轴的平行线，与坐标轴围成的矩形面积为 S_1；过点 Q 分别作 x 轴、y 轴的平行线，与坐标轴围成的矩形面积为 S_2，则 S_1 与 S_2 有什么关系？为什么？

1. 让我们从具体的反比例函数 $y = \dfrac{2}{x}$（图 4-1-43）开始考虑：

此时，S_1 与 S_2 有什么关系？为什么？

2. 对于一般的反比例函数 $y = \dfrac{k}{x}$（图 4-1-44）呢？

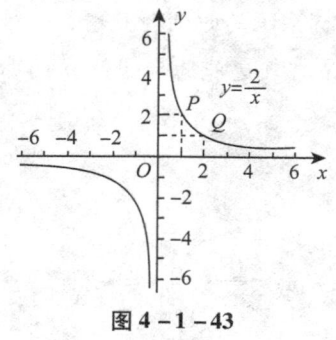

图 4-1-43

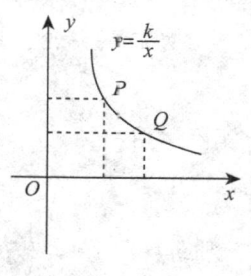

图 4-1-44

设计意图：如果直接探究函数 $y = \dfrac{k}{x}$，对于有些学生来说有一定的困难。为了突破这一难点，先给出简单的反比例函数 $y = \dfrac{2}{x}$，在探究了具体函数的基础上，再由特殊到一般，进一步探究 $y = \dfrac{k}{x}$，符合学生的认知规律。

（五）巩固提高

1. 若点 P (x, y) 是反比例函数 $y = \dfrac{3}{x}$ 的图象（图 4 - 1 - 45）在第一象限的分支上的一个动点，$PA \perp x$ 轴于点 A，$PB \perp y$ 轴于点 B，随着自变量 x 的增大，则矩形 $OAPB$ 的面积（　　）。

A. 不变 　　　　　 B. 增大 　　　　　 C. 减小 　　　　　 D. 无法确定

2. 如图 4 - 1 - 46 所示，点 P (x, y) 是反比例函数 $y = \dfrac{3}{x}$ 的图象在第一象限的分支上的一个动点，过点 P 作 $PA \perp x$ 轴于点 A，连接 PO，则 △PAO 的面积为 _____。

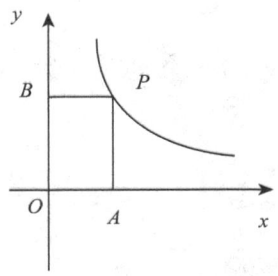

图 4 - 1 - 45

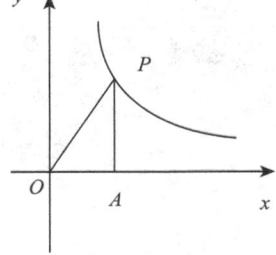

图 4 - 1 - 46

3. 已知点 P $(3, 2)$，Q $(-2, a)$ 都在反比例函数 $y = \dfrac{k}{x}$ 的图象上。过点 P 分别作两坐标轴的垂线，垂线与两坐标轴围成的面积是 S_1；过点 Q 分别作两坐标轴的垂线，垂线与两坐标轴围成的面积是 S_2。求 a，S_1，S_2 的值。

设计意图：巩固所学知识，加深对反比例函数性质的理解。

（六）归纳总结

本节课你学到了反比例函数的哪些新知识？你有哪些感悟和收获？你还有想继续探究的问题吗？

设计意图：引导学生关注数学的学习过程，及时总结、反思、交流，同时重视小组内的合作和交流，倾听小组成员的评价、建议，取长补短，共同提高。

【教学反思】

学生在学习本节课前已经历过一次函数图象和性质的探索过程，对函数图象及其性质的探究方法有了初步的认识，这些对本节课知识的学习起到了很好的铺垫作用。本节课不同于研究一次函数，反比例函数的图象相对于一次函数图象的特殊性，使得对反比例函数图象和性质的探索过程更加细致、全面。教学设计特别注重反比例函数性质的探索过程，通过问题的引领让学生更全面地对函数进行观察和比较，留给学生充足的讨论时间和空间，鼓励学生用自己的语言对观察和概括的结论进行充分表达和描述。教学中教师要用鼓励性的语言，激发学生探究的热情，点燃学生学习的激情。

九年级上册第六章
《反比例函数的应用——探究杠杆原理》教学案例

九江市同文中学　熊雪景

【教材分析】

初中阶段数学教学内容中反比例函数的应用，目的在于让学生参与活动过程，获得数学活动经验，培养学生发现数学问题的意识和应用数学知识的意识，从而使学生学会用数学的眼光观察世界，用数学的思维思考世界，用数学的语言表达世界。

【学情分析】

本节课是学生已具备"杠杆原理"和"反比例函数"的相关知识之后的一节数学活动课，主要是通过让学生经历实验、观察、猜想、验证、应用等实践过程，培养学生发现数学问题的意识，使学生积累数学活动经验。同时，引导学生利用反比例函数的知识解决问题，培养学生的应用意识。

【教学目标】

让学生对反比例函数进行再认识，进一步理解反比例函数的定义、图象、性质；让学生经历实验、观察、猜想、验证、应用等实践过程，培养学生发现数学问题的意识和应用数学知识的意识，同时使学生积累数学活动经验。

【教学过程】

（一）情境引入

阿基米德曾说："给我一个支点，我就能撬起整个地球。"当然，这只是阿基米德的一种假设，现实中是不可能实现的，但是其中所蕴含的杠杆原理却是物理学中的一颗闪亮的明珠。所以，这节课老师想请大家和我一起通过实验来探索杠杆原理中的数学问题。

设计意图：引入阿基米德的名句，既能提高学生的兴趣，又能简单直接地切入课题。

（二）通过实验获取数据

我们知道杠杆原理是动力×动力臂＝阻力×阻力臂。当阻力与阻力臂一定时，改变动力臂的大小，是否有相应的动力变化与之对应呢？接下来请大家一起通过实验来寻找答案。

（1）对于实验操作的规范性和小组内的配合，教师要在课前进行培训。

（2）学生分组进行实验。

具体实施方法：

（1）每个小组在组长的带领下选取恰当的阻力臂 L 的值，并填入活动报告单的表格。

（2）组长带领组员分工合作进行实验。

设计意图：让学生自主实践是数学活动课一个典型的特点，由学生自己选择 L 的值进行实验不仅体现了这个特点，而且使后面"用数学的眼光观察"更具有真实性和广阔性；采用分小组合作完成实验，能让学生经历数据得出的过程，积累一定的基本活动经验。

（三）通过观察、猜想、验证，得出结论

1. 引导学生观察

展示某个学生的表格（表4-1-3），引导学生观察，并发现其中蕴含的函数关系。

表4-1-3

L/cm	...								...
F/N	...								...

问题设计：

（1）这是一个变化的过程吗？

（2）存在几个变量？

（3）当确定 L 的一个值时，是否有唯一的 F 值与之对应？

（4）F 和 L 之间具有函数关系吗？

设计意图： 通过问题链引导学生发现其中蕴含的函数关系，培养学生发现数学问题的意识，让学生用数学的眼光观察世界。

2. 引导学生通过图象猜想

每个学生根据自己的数据画出函数图象，选取一组学生画的函数图象展示，教师采用学生的一组数据，利用几何画板现场画图，引导学生通过图象猜想：F 和 L 成反比例函数关系。

问题设计：

（1）大家记得画函数图象的步骤吗？

（2）以 L 的数值为横坐标，F 的数值为纵坐标，建立直角坐标系，在坐标系中描出以表4-1-3中的数对为坐标的各点，并用平滑的曲线顺次连接这些点，会得到什么样的图象？

（3）你能得出什么结论？

问题预设：

（1）画函数图象分三步：列表、描点、连线。

（2）得到的图象是反比例函数的图象。

（3）杠杆原理中，当阻力和阻力臂一定时，动力和动力臂成反比例函数关系。

设计意图： 引导学生应用已经学过的研究函数的一般方法来研究这个函数，

培学生用数学的思维思考，让学生体会探究问题的一般方法（观察、猜想、验证），同时位学生体会函数的关系式和图象——对应的关系。

（四）应用结论解决问题

我们通过对实验数据进行观察、猜想、验证，得出了结论，现在请同学们根据这个结论解决下面的问题。

练习：在此实验中，当 L 为 50cm 时，对应的拉力记为 F_1；当 L 为 24cm 时，对应的拉力记为 F_2。求：

（1）F_1 和 F_2 的大小关系；

（2）F_1 的值。

思考：周末，老师去菜市场买鱼，不料老板的电子秤坏了，只好找出很久以前的"古董称"，这杆秤配有 0.5kg 的秤砣，但是由于保存不当，上面的刻度已经看不见了。怎么办呢？正当老板着急的时候，他上初三的儿子出现了。只见他让爸爸提着秤，挂上鱼，左右移动秤砣，直到秤杆平衡。然后他拿着直尺开始测量，最后通过计算，成功得出了鱼的重量。如图 4 - 1 - 47 所示：$OA =$ 10cm，$OB = 30$cm，根据数据，你们能算出这条鱼有多少千克吗？

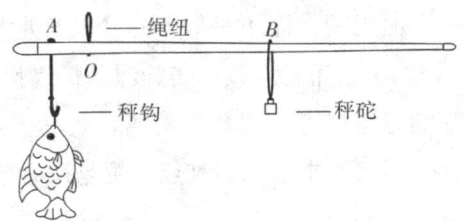

图 4 - 1 - 47

设计意图：在"练习"中，设计了一个超出实验中杠杆的最大长度的动力臂，让学生明白实验的局限性，以及用数学方法解决问题的优越性；"思考"中呈现的是一个生活中的问题，可以让学生体会到数学不仅来源于生活也服务于生活。这两个问题的设计都是为了培养学生的应用意识，让学生体会用数思维进行思考的优越性。

【课堂总结】

1. 学生分享自己的收获：知识上的、经验上的、意识上的……

2. 教师提炼小结：这节课，我们一起经历了实验、观察、猜想、验证、应用的学习过程，初步建立了发现问题的意识和应用知识的意识，同时获得了一些数学基本活动经验；在这个过程中，我们还进一步认识了反比例函数的定义、图象和性质以及探究函数的一般方法。这些学习方法和探究思路在我们今后的学习中将会进一步应用。达·芬奇说："数学是一切科学的基础。"所以，老师希望同学们学会用数学的眼光观察，用数学的思维思考，用数学的语言表达，并且用心去感受数学的优越性！

设计意图："学生分享"体现出学生的主体地位；"教师提炼"体现出教师的主导作用，既对本节课进行总结，又对学生的将来提出要求，体现出数学学习的延伸性。

【教学反思】

数学实验课的顺利实施是建立在学生能完成实验的基础之上的，然而学生的动手能力参差不齐，导致他们在获取实验数据时，会有一定的困难，所以，实验操作的规范性和小组内的配合可以放在课前进行培训。这样，在课中的实验操作环节会比较顺利。本次活动在验证反比例函数时，由于实验误差，两个变量的积只是围绕在一个值周围，而不是等于这个值，所以学生很难理解"两个变量的乘积是一个不为零的定值"。数学实验课的最终目的就是教会学生用数学的眼光观察，用数学的思维思考，用数学的语言表达。这种意识层面的目标是最难实现的，所以，它不仅是本节课的难点，更是所有数学实践活动的难点。

九年级下册第二章
《二次函数图象的性质探索》教学案例

九江市第十一中学　熊巧闵

【教材分析】

二次函数是初中函数中最重要也是最复杂的函数，它经常出现在中考的最后一题中。二次函数的图象和性质是学习二次函数，并用二次函数解决实际问题的基础，本节实验课通过引入几何画板画二次函数的图象，引导学生从二次函数的图象中学习、归纳二次函数的性质，让学生熟悉几何画板软件的操作，提升学生动手操作、交流讨论、协同合作与归纳总结的能力；同时让学生积累从图象的角度研究函数性质的经验，使学生体会数形结合的数学思想，培养学生观察、分析、猜想、验证的能力。二次函数在实际生活中有着非常广泛的应用，其中有许多数学思想都是解决实际问题的有力工具。二次函数也蕴含着很多数学文化，有着很长的发展史，在教学中可以向学生进行数学文化与数学思想的渗透，让学生感悟二次函数的数学美。

【学情分析】

九年级学生经过两年多的中学学习对函数已经有了很深的认识，具备了一定的抽象思维能力和逻辑推理能力，他们的学习热情比较高，学习能力也不错，只要善加引导，他们可以自主探索，在动手操作与交流讨论中进一步掌握二次函数的图象和性质。不过学生对于几何画板的使用比较陌生，在活动中教师要关注学生的动手操作情况，及时引导和讲解操作步骤，调动学生主动探究的积极性，注重培养学生实践、分析、归纳、总结的能力。

【教学目标】

1. 学会几何画板的基本操作，会用几何画板画出各类二次函数的图象，增加实践操作的活动经验，并从二次函数的图象中学习、归纳二次函数的性质，理解二次函数表达式中的参数对函数图象的影响，体会建模思想。

2. 在实践活动中，引导学生交流讨论、合作探究，提升学生动手操作、协同合作与归纳总结的能力；学习用几何画板画函数图象，有利于学生体会数形结合的数学思想，并提高学生的数学逻辑思维能力，发展几何直观能力；用函数图象来研究函数的性质，可以培养学生观察、分析、猜想、总结的能力，渗透分类讨论思想、最优化思想、转化思想、函数的思想等。

3. 在课堂活动中让学生了解二次函数蕴含的数学文化，感悟二次函数的数学美；用几何画板画函数图象，可以引起学生的兴趣，增强学生学习的热情和积极性；通过活动和练习，让学生体会二次函数在实际生活中的运用，认识到数学知识和数学思想是解决实际问题的有力工具。

【教学重难点】

1. 重点：会用几何画板画出各类二次函数的图象，从二次函数的图象中学习、归纳二次函数的性质，体会数形结合的数学思想。

2. 难点：熟悉几何画板的基本操作，理解二次函数表达式中的参数对函数图象的影响，体会二次函数蕴含的数学文化和数学思想，学会运用二次函数的性质解决实际问题。

【教学过程】

课前准备：熟悉几何画板的基本操作，在微机室用电脑做实验。

（一）了解二次函数的起源和实际运用

前面布置同学们查询二次函数的起源以及它在实际生活中的运用，哪位同学来分享一下你的发现？

学生活动：把自己了解到的信息和大家交流分享，讨论二次函数的起源和运用。

课堂预设：

（1）二次函数的起源。一个名叫梅内克缪斯的人偶然发现，把圆锥按不同角度切开，会出现不同的形状：横着切是一个圆；再稍微偏一点，就切出一个椭圆；如果继续倾斜，直到与圆锥侧线平行，就会切出一种优美曲线。（图4-1-48）

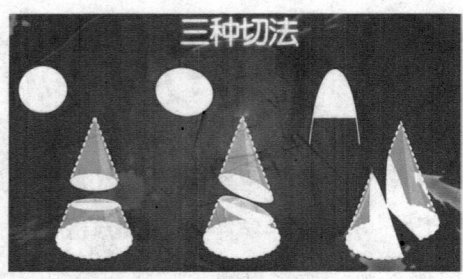

图4-1-48

（2）二次函数的运用涉及桥梁建筑、经济生活等各方面。

设计意图：让学生了解二次函数的起源以及它在各方面的运用，既在活动中渗透了数学文化，又增强了学生探究学习的热情和积极性，让学生认识到数学知识是解决实际问题的有力工具，启发学生把数学理论知识应用到实践中去，真正做到学以致用。

（二）a 对函数 $y = a(x-h)^2 + k$ 图象的影响实验

1. 猜测 a 对二次函数图象的影响

请同学们先猜测 a 对二次函数图象的影响，然后思考、合作并实验：如何借助几何画板验证你的猜想？

2. 引导学生验证并总结

任取一个 h 和 k 的值（可以都取 0，也可以取其他的值），改变 a（$a \neq 0$）的值（主要改变 a 的正负性和绝对值），再用几何画板在同一个坐标系中画出对应的函数图象，观察图象变化，验证猜想并总结出 a 对二次函数 $y = a(x-h)^2 + k$ 图象的影响。

3. 学生活动

猜测 a 对二次函数图象的影响，用控制变量法，改变 a 的值，并用几何画板画出对应的函数图象，观察图象的变化，合作交流，验证猜想并总结 a 对二次函数图象的影响。

课堂预设：如图 4-1-49 所示，h 和 k 都取 0，改变 a 的正负性和绝对值，可以发现以下性质：

（1）当 $a > 0$ 时，二次函数的图象开口向上；当 $a < 0$ 时，二次函数的图象开口向下。

（2）a 的绝对值越大，二次函数的图象变化越快，开口越小；a 的绝对值越小，二次函数的图象变化越慢，开口越大。

设计意图：在活动中让学生自主选取 h 和 k 的值，通过对比发现都取 0 时更方便，积累探索二次函数图象和性质的活动经验；再用控制变量法改变 a 的正负性和绝对值，借助几何画板画图，让学生在实践和讨论中总结 a 对二

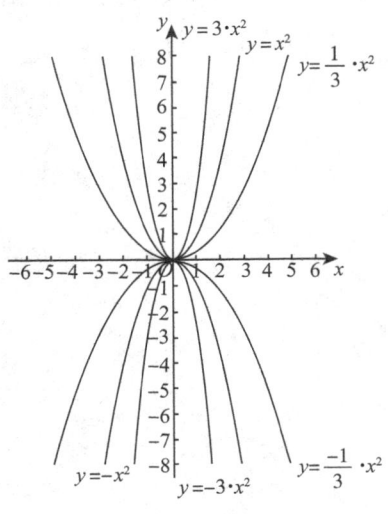

图 4-1-49

次函数图象的影响，提升学生动手操作、交流讨论、协同合作与归纳总结的能力。

（三）h 对函数 $y=a\,(x-h)^2+k$ 图象的影响实验

1. 猜测 h 对二次函数图象的影响

请同学们先猜测 h 对二次函数图象的影响，然后思考、合作并实验：如何借助几何画板验证你的猜想？

2. 引导学生验证并总结

任取一个 a（$a\neq0$）和 k 的值，改变 h 的值，再用几何画板在同一个坐标系中画出对应的函数图象，观察图象变化，验证猜想并总结出 h 对二次函数 $y=a\,(x-h)^2+k$ 图象的影响。

3. 学生活动

猜测 h 对二次函数图象的影响，用控制变量法，改变 h 的值，并用几何画板画出对应的函数图象，观察图象的变化，合作交流，验证猜想并总结 h 对二次函数图象的影响。

课堂预设： 如图 4-1-50 所示，令 $a=1$，$k=0$，改变 h 的正负性，可以发现以下性质：

当 $h>0$ 时，二次函数 $y=(x-h)^2$ 的图象可由 $y=x^2$ 的图象向右平移 $|h|$ 个单位得到；当 $h<0$ 时，二次函数 $y=(x-h)^2$ 的图象可由 $y=x^2$ 的图象向左平移 $|h|$ 个单位得到。

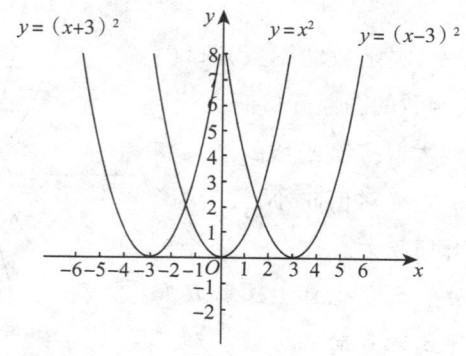

图 4-1-50

设计意图： 通过选取 a 和 k 的值，让学生合作讨论更有利于实验的取值，增强学生自主探究的能力，让学生进一步积累探索二次函数图象和性质的活动经验；再控制变量改变 h 的取值，让学生在实践活动中总结 h 对二次函数图象的影响。

（四）k 对函数 $y = a(x-h)^2 + k$ 图象的影响实验

1. 猜测 k 对二次函数图象的影响

请同学们先猜测 k 对二次函数图象的影响，然后思考、合作并实验：如何借助几何画板验证你的猜想？

2. 引导学生验证并总结

任取一个 a $(a \neq 0)$ 和 h 的值，改变 k 的值，再用几何画板在同一个坐标系中画出对应的函数图象，观察图象变化，验证猜想并总结出 k 对二次函数 $y = a(x-h)^2 + k$ 图象的影响。

3. 学生活动

猜测 k 对二次函数图象的影响，用控制变量法，改变 k 的值，并用几何画板画出对应的函数图象，观察图象的变化，合作交流，验证猜想并总结 k 对二次函数图象的影响。

课堂预设：如图 4－1－51 所示，令 $a = 1$，$h = 0$，改变 k 的正负性，可以发现以下性质：

当 $k > 0$ 时，二次函数 $y = x^2 + k$ 的图象可由 $y = x^2$ 的图象向上平移 $|k|$ 个单位得到；当 $k < 0$ 时，二次函数 $y = x^2 + k$ 的图象可由 $y = x^2$ 的图象向下平移 $|k|$ 个单位得到。

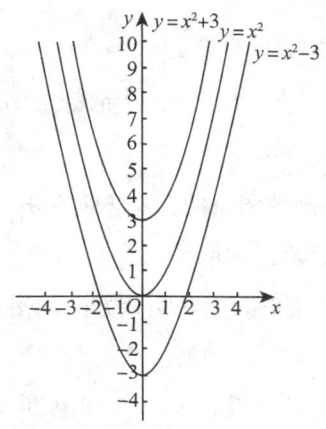

图 4－1－51

设计意图：和前面一样，当学生选取适当的 a 和 h 的值，有利于学生观察 k 对二次函数图象的影响，继续积累探索二次函数图象和性质的活动经验；同时改变 k 的取值，让学生在活动中总结 k 对二次函数图象的影响，对比 h 对图象的影响，发展学生观察、类比、归纳总结的能力，并尝试引导学生发现事物的变化规律，引发学生主动学习的内在动机。

（五）三个参数对函数 $y = a(x-h)^2 + k$ 图象的综合影响实验

如图 4-1-52 所示，利用几何画板的动态演示功能，请同学们在已经做好的程序中任意改变 a（$a \neq 0$）、h、k 的值，观察图象的变化和平移规律，总结三个参数对二次函数 $y = a(x-h)^2 + k$ 图象的综合影响。

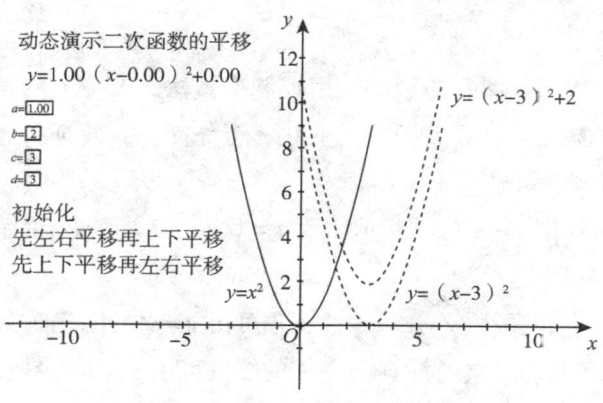

图 4-1-52

学生活动：借助几何画板，改变 a（$a \neq 0$）、h、k 的值，观察二次函数图象的变化和平移规律，和同伴交流讨论，总结三个参数对二次函数 $y = a(x-h)^2 + k$ 图象的综合影响。

课堂预设： a 决定二次函数图象的开口方向和开口大小；h 决定二次函数的对称轴或顶点的横坐标，影响二次函数图象在水平方向的平移；k 决定二次函数顶点的纵坐标，影响二次函数图象在竖直方向的平移。

设计意图： 经过观察和讨论，引导学生总结 a，h，k 对二次函数图象的综合影响，归纳二次函数图象的性质，积累从图象的角度研究函数性质的经验，体会数形结合的数学思想；借助几何画板进行动态演示，调动学生学习的积极性，发展学生的几何直观能力，加深学生对二次函数图象变化和性质的理解。

【课堂总结】

这节课你学到了什么？有什么感悟？

学生活动：回顾本节课的活动过程，进行交流讨论，感悟收获和心得。

课堂预设：学生的收获和感悟主要体现在以下几个方面。

（1）借助几何画板动态解析、对比二次函数的图象，既让学生熟悉了几何画板的操作，发展了几何直观能力，提高了数学学习的兴趣，又总结了二次函数的性质，了解了 a，h，k 三个参数对二次函数图象的综合影响。

（2）在活动过程中，学生交流讨论、合作探究，提升了学生动手操作、协同合作与归纳总结的能力；通过观察函数图象研究函数的性质，学生可以深入体会数形结合、分类讨论、转化等数学思想，提高逻辑思维能力。

（3）让学生了解二次函数的起源和它在实际生活中的运用，感受数学文化，尝试把数学理论知识运用到实践中，做到学以致用。

设计意图：通过课堂小结让学生整理本节课收获的知识和感悟，充分发挥学生的主体作用，发展学生数学语言表达能力，加深学生对二次函数图象和性质的理解；同时让学生体会活动过程中的数学思想和数学方法，感受二次函数的数学文化，提升学生的数学素养。

【教学反思】

本节课的主要内容是先让学生运用几何画板的绘图功能，画出二次函数的图象，结合控制变量法，通过对比、观察、归纳、总结的方式，分别探索 a，h，k 对二次函数图象的影响，得出由特殊到一般的二次函数平移规律和基本性质；再借助几何画板的动态演示功能，研究三个参数对函数 $y = a(x-h)^2 + k$ 图象的影响，加深学生对二次函数图象和性质的理解。本节课还向学生介绍了二次函数的起源和在实际生活中的运用，渗透数学文化，引导学生把数学理论知识应用到实践中去。

传统学习方式是被动的接受性学习，为了培养学生自主发展和主动学习的能力，教师在活动过程中要注意发挥指引作用，放手让学生自己去实践、探索，把接受性学习转变为探索性学习，发展学生自主探究的能力，激发学生的求知欲。

本节活动课涉及很多数学思想方法，如分类讨论思想、最优化思想、转化思想、函数思想等，尤其是数形结合的思想方法贯穿教学过程始终，在课堂上教师要注意提醒学生哪些地方体现了什么思想方法，不断渗透，提升学生的数学素养。

第二节　图形与变换

七年级上册第一章
《正方体的展开与折叠》教学案例

江西省九江第一中学　石芳芳

【教材分析】

这节课选自北师大版数学教材七年级上册第一章《丰富的图形世界》第二节《展开与折叠》第一课时，是在学生初步认识了空间图形，学习了《生活中的立体图形》后开设的，是前课的延续和拓展，又为后续《展开与折叠》第二课时《其他立体图形的展开与折叠》及第三节《从三个方向看物体的形状》奠定了基础。因此，本节课起着承前启后的过渡作用。正方体的展开与折叠对学生的空间思维及想象能力要求较高，大多数内容是建立在实验操作的基础上的。教材也正是从学生的动手实践开始的，所以针对这节课，应合理利用教材，研究如何实施大量的操作实践活动以完成教学目标，而不是一味地"教"教材。

【学情分析】

1. 知识技能基础：上节课学生学习了立体图形的知识，对于正方体及其相关概念已经有了初步的认识，会用语言描述正方体的特征，但是对于正方体的形成仍然不清楚，学生渴求知晓，因此每一个学生课上都带着浓厚的探索兴趣。并且小学五年级的时候学生学过简单立体图形及其侧面展开图，因此本节课是一节正方体的再认识课。

2. 活动经验基础：在上一节课中，学生积累了观察、分析图形的经验，具备与他人合作交流的经验，有了一定的空间观念，感悟了数学来源于生活又反映生活。

3. 学生年龄特点：从心理特征上来说，七年级学生仍处于上课活泼，好动，好表现的阶段，具有强烈的好奇心和探究欲，学生间相互评价、相互提问的积极性高。因此，在实际教学时，教师应抓住这一特征，开展数学活动，调动学生的积极性，让学生参与到教学活动中来，充分发挥学生的主观能动性，使学生自主探索和发现数学知识，力争做到"教学合一"。

【教学目标】

1. 基础知识：通过展开磁力片拼成的正方体的操作，感受立体图形与平面图形的关系，理解掌握 11 种展开图。

2. 基本技能：通过空间想象，能熟练地将正方体展开，面对平面图形能想象出能否折叠成正方体，并能找出展开图中的对面。

3. 基本思想：体验数学与生活的密切联系，在充分经历实践、探索、交流的过程中，获得成功的体验，发展空间想象能力，培养科学探索精神。

4. 基本活动经验：通过展开与折叠的实践操作，在经历和体验图形的展开和折叠转换的过程中，初步建立空间概念，发展几何直观，积累数学活动经验。

【教学重难点】

1. 重点：通过正方体的展开与折叠发展空间观念。

2. 难点：探究正方体展开图及展开图的分类，并能准确判断，进而掌握对图形认知、归纳的方法。

【教学方法】

主体参与操作实践法：

鼓励学生动手操作，并进行观察、想象、思考、分析、交流，在这一系列活动过程中，启发学生智力，发展学生空间观念。

【教具准备】

正方体形状的盒子 1 个，正方形磁力片若干。

【教学过程】

（一）新课导入，提出问题

师（拿起讲台上的正方体粉笔盒）：大家知道这个正方体形状的粉笔盒是如何生产出来的吗？

生1：会不会是将它的六个面先做好，然后粘起来的呢？

生2：会不会是直接通过模具先生产出正方体，再在上面绘制印刷，最后将上盖剪开，得到这个盒子呢？

师：诸如此类的做法具有理论上的可行性，但在实际生产中由于费时、费力，成本高、效率差都是不会采用的。对，有同学想到了结合本节课的主题在实际生产中正确制作类似粉笔盒等盒子的方法，就是先将它展开，在展开图上面进行设计、绘制、印刷，然后把它折叠成一个正方体。可见，学习正方体的展开与折叠是非常有意义而且有必要的，那么接下来我们一起来研究一下正方体的展开与折叠。

我们先将正方体的材质、外观等无关条件忽略，仅将正方体的形状特征抽象到数学世界，这样方便我们进行研究，借助软件剪开正方体的7条棱，按照一定的顺序就可以得到正方体的一个平面展开图，再将该展开图还原成正方体（几何画板演示），这正好验证了刚才我们猜想在展开图上面进行设计、绘制、印刷，然后把它折叠成一个正方体是可行的。正方体形状的盒子确实是先生产了它的平面展开图，然后将它折叠成我们要的盒子（教师演示，操作）。

咦！发现这个盒子的平面展开图和刚才软件操作的平面展开图不一样了吗？同学们，拿起你们手边准备的盒子也展开看看一样吗？（有一样的，有不一样的）

由此你们可以提出一些继续研究的问题吗？

生3：正方体还有没有其他展开图呢？

生4：正方体的展开图一共有多少种呢？

师：提得很好，但是应该怎样探究一共有多少种展开图呢？怎样才能做到不重不漏？我们应该按照一定的顺序去寻找。下面我们借助磁力片来对正方体的展开图进行研究。

（二）动手操作，探究新知

活动一：正方体的展开——先操作，再思考

（1）用准备好的磁力片，按照下列方法操作（图4－2－1）：

①拼成正方体；②将正方体展开成平面图；③把展开的平面图画在纸上。

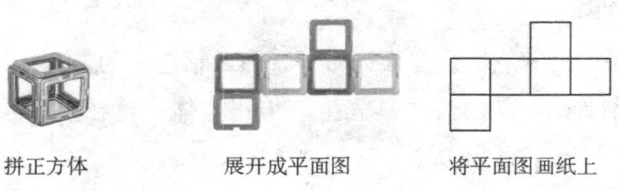

拼正方体　　　　　展开成平面图　　　　　将平面图画纸上

图4－2－1

（2）重复（1）的操作直到画出正方体的所有平面展开图，你总共画出多少种平面展开图（重复的不画）？与你的同伴交流、讨论。

（3）思考：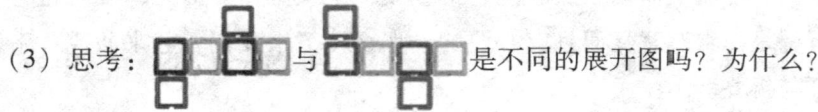与是不同的展开图吗？为什么？

答：相同，因将其中一个往上或是往下翻折180°，就是另一个图形了，所以属于同一种展开图。

（4）你画的平面展开图中还有没有（3）中类似的情况？请思考，排除重复的，最终确定正方体所有的平面展开图有多少种，并将其分好类，画在下面空白的地方。

答：共11种，如图4－2－2所示。

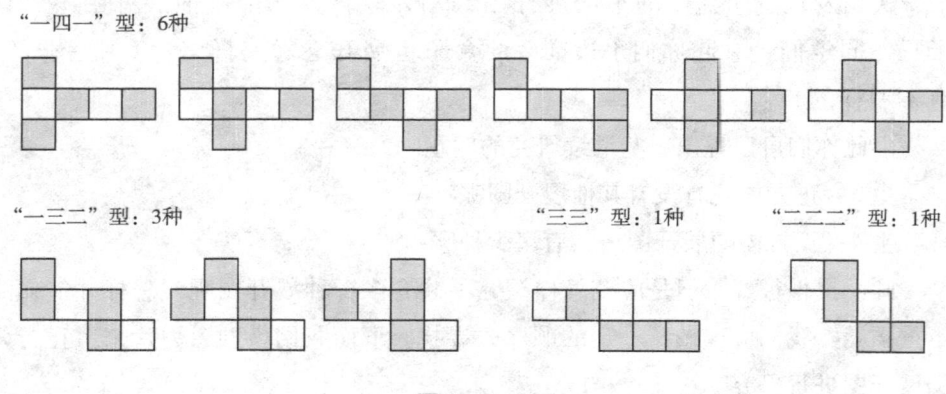

"一四一"型：6种

"一三二"型：3种　　　　　　　"三三"型：1种　　　"二二二"型：1种

图4－2－2

（5）用磁力片拼正方体（图4－2－3），使相同颜色的磁力片在正方体的对面。将正方体展开，观察展开图中对面的位置关系，你有什么想法和猜测？反复操作该立方体的不同展开图验证你的猜测。

根据你的猜测，将如图4－2－4所示的正方体纸盒的展开图折叠成正方体后，"数"所对应的字是_____，"学"所对应的字是_____。

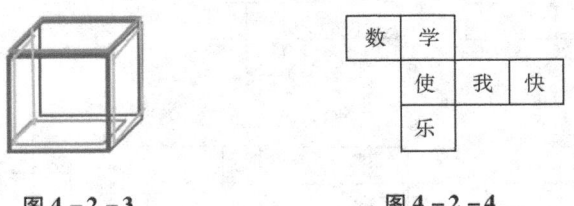

图4－2－3　　　　　　　　图4－2－4

活动二：正方体展开图的折叠——先思考，再操作

（1）观察图4－2－5，哪些图形可以折成一个无盖的正方体盒子？请用磁力片动手做一做，验证你的猜想。

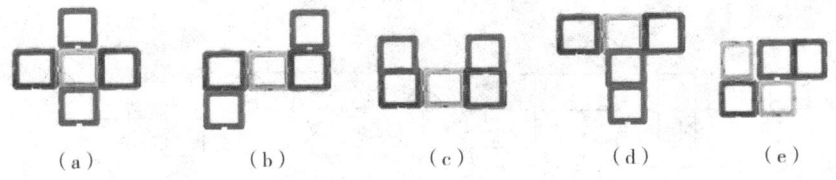

（a）　　　　　（b）　　　　　（c）　　　　　（d）　　　　　（e）

图4－2－5

（2）观察图4－2－6，下列各个图形是否都能折成一个正方体？请动手做一做，验证你的猜想。你还有什么感悟？

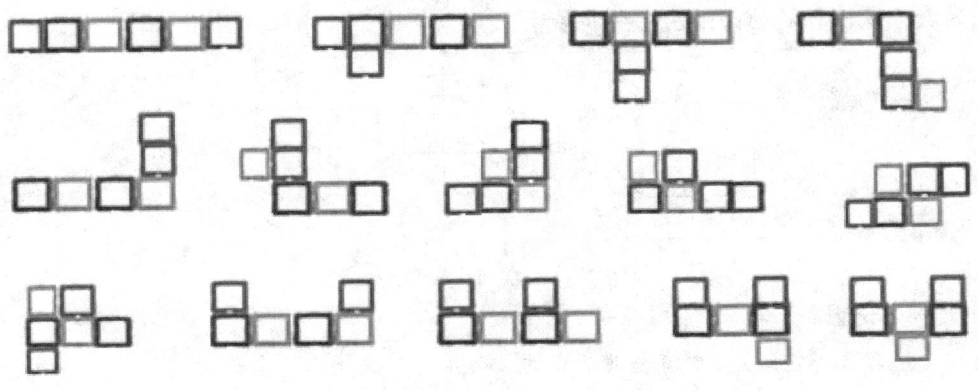

图4－2－6

103

总结：①一线不过四；②"7"（一定是 5 个正方形）、"田"、"凹"应弃之；③特殊情况，"一二三"不可以。

（三）巩固练习，拓展延伸

练习 1. 判断下列图形（图 4-2-7）是否能折叠成正方体？

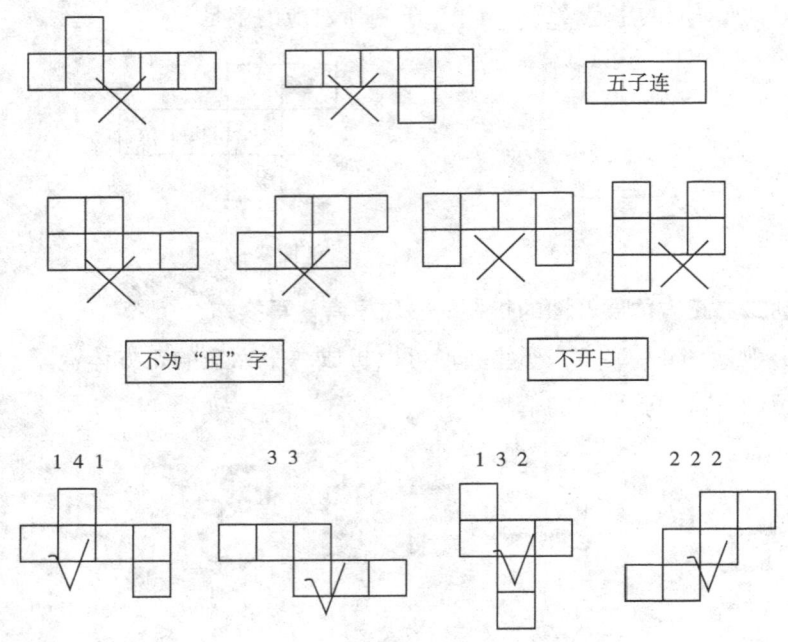

图 4-2-7

练习 2. 在正方体能见到的面上写下数字 1，2，3，如图 4-2-8 所示。而在展开图上已经写了两个或一个指定的数，试着在展开图的其他面上写上适当的数，使得相对的面上两数之和等于 7。

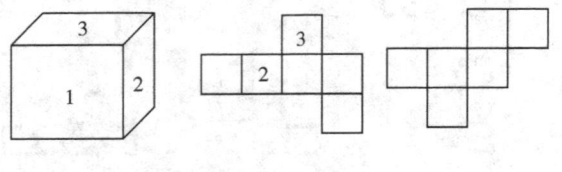

图 4-2-8

1. 先想象，再思考

练习 3. 过正方体中有公共顶点的三条棱的中点切出一个平面（图 4-2-9），形成如图 4-2-9 所示的几何体，想一想，其正确展开图为右边的哪一个？

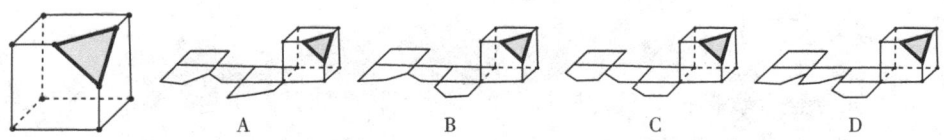

图 4 – 2 – 9

2. 先想象，再操作

练习 4. 将下列平面展开图（图 4 – 2 – 10）折成一个正方体，想一想，它与右边哪个图形对应？

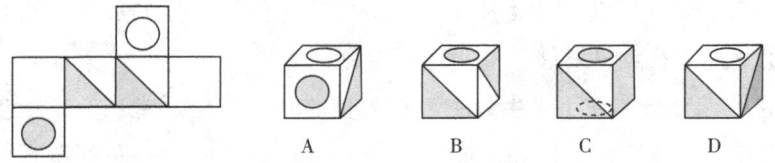

图 4 – 2 – 10

3. 先观察，再思考

练习 5. 正方体的六个面分别标着数字 1，2，3，4，5，6，根据图 4 – 2 – 11 中的正方体三种状态所显示的数字，可推出"?"处的数字是_____。

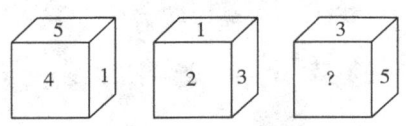

图 4 – 2 – 11

练习 6. 有一个正方体，六个面上分别写有数字 1，2，3，4，5，6，图 4 – 2 – 12 是我们能看到的三种情况，如果记 6 的对面数字为 a，2 的对面数字为 b，那么 $a + b$ 的值为_____。

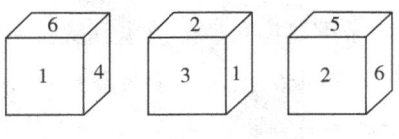

图 4 – 2 – 12

（四）小结升华，畅谈收获

你学到了什么？你有什么感悟？还有什么疑惑？

【教学反思】

1. 充分整合教材，对教材进行了加工处理，使问题解决更容易。

2. 从讲台上的正方体粉笔盒该如何制作引入课题——这样制作的可行性和必要性，让学生深深感受到正方体的展开和折叠的学习非常有意义、有必要，让学生感悟数学来源于生活又服务于生活，为学好这节课打好了情感基础。

3. 灵活使用多媒体辅助教学，特别是用几何画板演示正方体的展开和折叠，形象、生动、直观，使问题更加具体，通俗易懂，便于学生理解。

4. 整节课学生围绕问题运用正方形磁力片操作正方体的展开和折叠，很好地突破了重点、难点，发展了空间直观能力。

5. 整节课充分体现了学生为主教师为辅的理念，把课堂还给了学生，让学生动手操作、合作交流，经历观察、思考、猜想、验证等一系列过程，提升了学生的学习能力，启迪了学生的智慧，使学生体验了成功，增加了自信，真正成为学习的主人。

七年级上册第一章
《神奇的莫比乌斯带》教学案例

江西省九江第一中学　石芳芳

【教学目标】

1. 基础知识：使学生了解莫比乌斯的故事和莫比乌斯带的来历，会动手制作莫比乌斯带，体会莫比乌斯带的神奇；了解莫比乌斯带在生活中的应用，感受生活中数学的神奇；体会莫比乌斯带的特点，拓展空间观念。

2. 基本技能：通过活动培养学生的动手操作能力、观察能力和逻辑抽象思维能力。

3. 基本思想：在莫比乌斯带的探索过程中，使学生体会猜想、验证的数学思想方法。

4. 基本活动经验：让学生获得学习成功的体验，培养学生科学探究的精神；让学生了解莫比乌斯身上的数学精神，学习他这种品质；让学生感受数学活动的乐趣，在学习过程中获得积极向上的情感体验，学会欣赏美，在美中思考数学问题。

【教具准备】

安全剪刀、水彩笔、4~6 根长纸条。

【教学重难点】

1. 重点：会用长方形纸条做莫比乌斯圈。
2. 难点：探索莫比乌斯圈的奇异性质。

【教学过程】

（一）魔术导入，引出课题

同学们今天这节课我们来玩转纸条。一张普通的纸条，没错就是老师手上的这个长方形纸条，如果把它作为游戏的道具你们想怎么玩这张纸条呢？（学生给出各种答案：折纸飞机、折星星、折飞标、做蝴蝶结……）

首先老师来个"热身"节目——魔术，想不想看？一起大声喊出"大硬币钻小孔"（PPT 投影，现场迅速制作道具）。普通的纸条中间有一个小小的孔，还有一个比孔大的硬币，大硬币要穿过小孔怎么可能呢？接下来就是见证奇迹的时刻，请同学们睁大你的眼睛看一看。纸条摇一摇，硬币瞬间过来了，小孔并没有损坏。魔术背后的道理非常简单：轻轻拉伸纸条使小孔的口径变大了，硬币就顺利地穿过了小孔。同学们你们都明白了吗？

一张普通的纸条还能带给我们更多的精彩吗？让我们拭目以待。接下来我们就用纸条玩一个具有挑战性的游戏——"蚂蚁吃面包屑"。

做一做："蚂蚁吃面包屑"——蓝面上的蚂蚁想吃红面上的面包屑。

游戏规则：首尾相连做个纸环，蚂蚁可以在纸环的面上自由爬行，但是不可翻阅纸条的边缘，一旦翻越，游戏失败！

现在请你们用五角星代替蚂蚁，用三角形代替面包屑，赶紧做一个纸环，

让你的蚂蚁可以吃到面包屑，开始吧！（学生尝试制作）

学生展示结果（图4-2-13）：

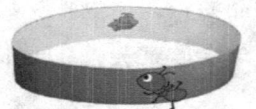  

结果一：收尾相连，不翻越边界吃不到面包屑　　结果二：不翻越边界能吃到面包屑，但首位没有相连　　结果三：不翻越边界能吃到面包屑，同时收尾相连

图4-2-13

师再次演示结果三中纸环的做法，表扬使用了这种做法的学生。数学家也发明了这样的纸环，我们一起来看一看（展示莫比乌斯发现该纸环的故事视频）。

同学们，这个纸条叫什么？［莫比乌斯带（板书）］教师用图4-2-14再次演示莫比乌斯带的制作要领。

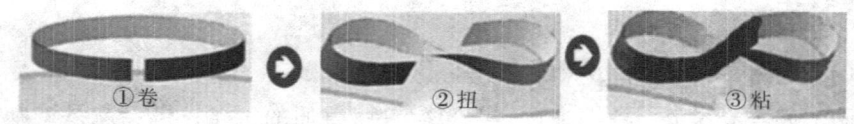

①卷　　②扭　　③粘

图4-2-14

（二）初步认识，感受神奇

（1）请同学先制作普通纸环，再制作莫比乌斯带（边演示边讲解制作要领）。

（2）同学们的桌面上还有两个纸条，请分别制作一个普通纸环，一个莫比乌斯带。

（3）这两个纸环到底有什么不同？和你的同桌交流一下。

生1：莫比乌斯带和普通纸环相比有些扭曲。

生2：莫比乌斯带好像不分里面和外面，一眼在表面可以看到两种颜色，普通纸环分里面和外面且分别是不同的颜色。

师：同学们的意思是普通的纸环能分清外面和里面，莫比乌斯带分不清里外。手指按住莫比乌斯带转动起来（师示范，生一起感受），谁能说说这是为什么？

生：普通纸环同样的颜色面接在一起，莫比乌斯带是不同颜色的面接在一起的。

（4）用彩笔分别在两个环的面中间画一条线（笔尖不能离开面）。

发现：普通纸环上画了外面就画不了里面，画了里面就画不了外面，莫比乌斯带上却能都画到。

结论：普通纸环有两个面，莫比乌斯带只有一个面（由学生归纳总结感受神奇），所以蚂蚁在莫比乌斯带上爬能吃到面包屑。

用彩笔（笔尖不能离开边）在普通纸环的边和莫比乌斯带的边上涂色。

发现：普通纸环涂了上面的边就涂不了下面的边，涂了里面的边就涂不了外面的边，莫比乌斯带却能所有边都涂到。

结论：普通纸环有两条边，莫比乌斯带只有一条边。

教师将莫比乌斯带的一条边在3D特效中展示出来（PPT展示）。莫比乌斯带不同于普通的平面图形，也不同于普通的立体图形，它的出现惊天动地，轰动了整个数学界，它给数学界带来了（神奇的莫比乌斯带）一门专门研究它的学科：拓扑学。

（三）实践操作，再探体验

莫比乌斯带的神奇还有很多，想不想继续探索？

1. $\frac{1}{2}$ 处剪开

（1）学生用蓝色纸条做一个莫比乌斯带。

（2）猜想：现在老师用剪刀从中间的线剪开，大胆猜想一下会有什么结果？

（3）验证：要知道究竟怎么样，我们就要动手剪一剪，求证一下。求证时要小心点。请同学们动手剪一剪，剪时先对折，从中间剪出一个口子，再把剪刀伸进去沿着线剪，剪完后结果是怎样的？剪完后是几个圈？结果不是我们所猜想的那样，一般的纸圈沿中间剪开就会一分为二，而莫比乌斯带剪开后得到一个更大的纸带（图4-2-15），这个莫比乌斯带太不可思议了，太神奇了！

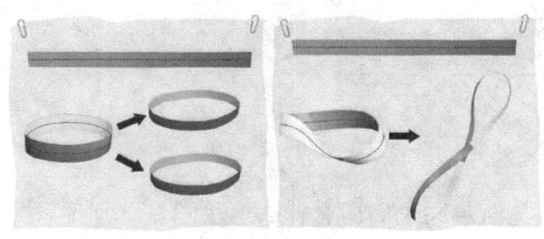

图4-2-15

（4）剪完后，这个更大的纸带是莫比乌斯带吗？请操作验证。

结论：不是莫比乌斯带，不是所有的纽带都是莫比乌斯带。

2. $\dfrac{1}{3}$ 处剪开

（1）学生用黄色纸条做一个莫比乌斯带。

（2）猜想：沿着三分之一的宽度一直剪下去，猜想一下会有什么结果。

（3）验证。

（4）剪完后，它是莫比乌斯带吗？学生操作验证。

（四）小组合作，续探体验

师：刚才我们研究了莫比乌斯带沿 2 等分和 3 等分的线剪开后的情况，感受到了莫比乌斯的神奇。那么，如果一直这样等分剪下去，会不会有什么规律呢？想一想，试一试。4 个组分别探究平均分成 4 等分、5 等分、6 等分、7 等分的莫比乌斯带剪成的样子。

要求：同桌合作，一人剪，一人记录；完成后，在小组内交流你们的结果是否一致。

请每个小组派一个同学汇报结果。（中途可让学生进行猜测）

师：你有什么发现？

（五）奇思妙想，再探神奇

师：莫比乌斯带的神奇之处远不止这些，我们来再次探寻。将两根纸条中间重合粘住，一个往里，一个往外制作莫比乌斯带，用剪刀沿中线将两个莫比乌斯带剪开，你发现了什么？（图 4 - 2 - 16）

图 4 - 2 - 16

师：对于莫比乌斯带同学们还有什么想法吗？

生：纸条扭 180° 粘起来是莫比乌斯带，如果扭 360°，540°，720° 等粘起来是什么环？还是莫比乌斯带吗？

（六）应用生活，体验价值

师：莫比乌斯带的好玩，不仅仅是因为它的神奇，你们看，轻轻一拉（绿色的莫比乌斯带）它变成了……咦，变成了可回收标志。通过对莫比乌斯带的学习你对这个标志有什么新的理解？

莫比乌斯带如此神奇好玩，在生活中，它也大有用处，我们一起来看看吧（图片欣赏，在舒缓的音乐声中欣赏莫比乌斯带在生活中的应用，有标志设计、仪器设计、建筑设计，感受莫比乌斯带的美及其在生活中的广泛应用）。

师：莫比乌斯带美吗？人们觉得它真的很美，非要找出缺点的话，那就是它还有一条边。人们又去研究怎么样才能去掉这条边。后来德国数学家克莱因用两条莫比乌斯带沿着它们唯一的边黏合起来，做成了一个克莱因瓶。因此，这个物体没有边，只有一个面，它的表面不会终结，没有内外部之分。人们对克莱因瓶非常着迷，并继续研究，后来形成了一门非常抽象的学科，该学科叫作拓扑学。

（七）回顾反思，总结收获

师：这一节课你有什么收获？（学生总结：认识并会做莫比乌斯带、知道双侧曲面和单侧曲面、获得学习方法等）

师：你最大的感受是什么？

（神奇、数学是很美的）

师：是的，一个莫比乌斯带带给我们无限的遐想，希望这节课能对同学们有所启发。只要我们试着用心去观察、小心去验证，相信更多伟大的发现会在同学们身上诞生，或许未来揭开宇宙奥秘的科学家就是你！

（八）作业

验证：将纸条扭$180°$粘起来是莫比乌斯带，那么扭$360°$，$540°$，$720°$的环是不是莫比乌斯带？

【教学反思】

本节课学生在多角度实践中不断亲身经历、积累经验，提高了质疑生成的能力，感受了莫比乌斯带的神奇，在莫比乌斯带的探索过程中，体会了猜想、验证的数学思想方法；获得学习成功的体验，培养科学探究精神；了解莫比乌斯身上的数学精神，学习他身上具有的品质；感受数学活动的乐趣，在学习过程中获得积极向上的情感体验，学会欣赏美，在美中思考数学问题。

七年级下册第一章《整式的乘除》
课例延伸《皮克公式》教学案例

九江市同文中学　钟敏

【教学素材分析】

《皮克公式》取材于北师大版九年义务教育数学七年级下册的阅读材料，通过补充新的教学内容改变教学形式，将其设计为一节数学实验课，并附有实验报告，以辅助教学。

【设计意图及教学目的】

皮克公式理论上的证明对初一的学生来说难度过高，因此本节课并不做具体要求，仅从问题的引入和猜想以及单纯的计算验证和简单归纳做适当引导和分析，从而激发学生自主动手的学习兴趣，进行思维上的拓展。此节课作为数学实验的雏形在内容上还显得比较单一，通过提供一种新方法、新手段、新途径让学生去学习去体验，希望在若干次实验后，形成一种实验模式，而后使学生自主动手，提出问题、分析问题，最终解决问题。

【学生素质分析】

初一学生的数学知识水平比较有限，知识体系也不够完备，但都充满对未知世界的好奇与探索的向往。此节实验课给学生提供了施展个人能力及小组合作能力的机会。学生喜欢对于未知的猜测，对于感兴趣的知识与事物，他们愿意投入更多的热情。教师若能抓住这一兴趣点，开展丰富的课堂活动，让学生体会实验过程，其作用必将远大于一两个公式的套用。

【教学实录】

师：同学们，让我们来看看今天可爱的皮卡丘给大家带来了哪些新的知识。

生（看投影显示）（齐声）：皮克公式。

师：那什么是皮克公式？它有哪些用途？它又是如何得来的呢？相信此时大家脑子里充满了许多疑问，带着这些问题我们开始今天的探讨和实验。

首先，我们简单介绍几个名词。图4－2－17中的点按照一定的规则排列所组成的图形叫点阵，并且四个相邻点围成的正方形的面积是一个单位面积。而顶点刚好全部落在格点上的多边形，称之为点阵中的多边形。

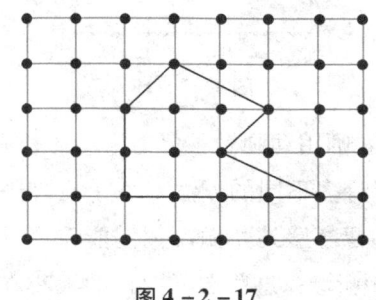

图4－2－17

简单介绍过后进入今天的问题情境。

师：你能想办法计算出图中点阵中多边形的面积吗？请各小组讨论并且尽可能多地想出各种不同的方法。

（学生展开热烈讨论，很快便得出了答案。请学生在黑板上讲解其计算过程，其他学生各抒己见，场面十分热烈）

生A：将图形分成四个部分进行面积计算（图4－2－18）。

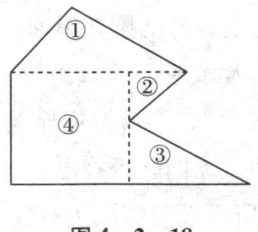

图4－2－18

这四个部分正好是我们所熟悉的几何图形，面积比较容易计算，四者的面积和为7个单位面积。

师：A 同学采用了分割计算的方法，同学们是否赞同他的方法，或者是否有其他见解？

生 B：我的方法是先把它看成一个完整的长方形然后把多余部分的面积减掉，即 $12-0.5-1.5-3=7$ 个单位面积。（图 4-2-19）

生 C：我的最简单，用割补的方法将图形填补成一个比较规则的几何图形，不用算，一数便可知道是 7 个单位面积。

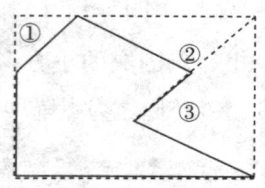

图 4-2-19

（当学生讲述之后，教师用动画做了更为生动的补充）

师：刚才大家采用了许多不同的方法对这个点阵中的多边形进行了面积计算，老师为你们的聪明和智慧感到骄傲。你们能否更进一步思考这样一个问题（展示出许多点阵中的多边形）：这些图形面积的大小在点阵中究竟跟哪些因素有关系呢？

生：与点的个数有关系。

师（进更一步追问）：哪些点？

生：多边形所包含的点的个数。

（意见得到大家的认同，继续探索）

师：整体而言，多边形所包含的点的数目越多它的面积就应该越大。那么这些点与多边形的位置又有哪些关系呢？

生：有的点在多边形的边上，有的则在里面。

师：看来大家的观察力非常敏锐，那么由此，我们将这些点分为两类——多边形内部的点（个数用 a 表示）、多边形边界上的点（个数用 b 表示）。如果我们用 S 来表示多边形的面积，你们能否找出它与 a 和 b 的关系式呢？

（对于这个问题，学生有所思索但解决仍有一定难度）

师：写出由两个自变量所构成的关系式看来是有一定难度的。那么我们换一个角度来考虑吧。

例如，在图 4-2-20 中的线段上每隔一个单位距离种一棵树（在格子点上种树），两端皆种，需要多少株树苗？

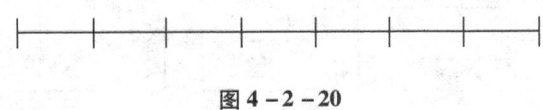

图 4 - 2 - 20

师：类比点阵多边形，对线段上的点也进行分类。

生：我们观察到格子点可分成内点 a 和边界点 b 两类。

师：请大家尽可能找到线段的长度 L 与格子点的个数之间的关系。

生：$L = a + 1$，因为线段的长度刚好比内点的个数多一个。

生：$L = a + b - 1$，我把它理解为线段上所有的点的个数和减 1。

生：$L = a + b/2$，此时的 b 正好是一个固定的值恰为 2，所以我把 1 看成 $b/2$。

……

（学生想出了许多关系式，由教师将它们键入。在显示屏上进行展示）

师：我们也可以这样想，如果对相邻两格子之间的点加以分割，得到许多小段，那么每一个内点所在的段皆具有单位长度，而每个边界点所在的小段只有 1/2 个单位长度，如图 4 - 2 - 21 所示。

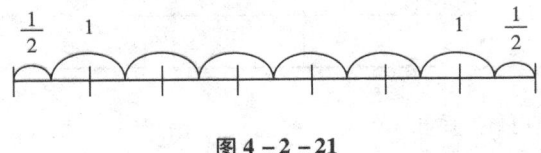

图 4 - 2 - 21

线段的长度为 $L = b/2 + a$。

师：各位同学已经非常出色地完成了实验的第一部分，接下来进行下一部分的实验。我们能否将刚才在线段中所得到的长度公式推广到二维平面的计算当中呢？对于平面上以格子点为顶点的多边形，其面积公式是什么呢？

生（通过讨论）：在上述几个公式中，后两式比较有可能。因此，我们初步猜测多边形的面积 $S = a + b - 1$ 或者 $S = b/2 + a$（其中 a 表示多边形内部的点数，b 表示多边形边界上的点数）。

师：我们所得出的猜测是否正确？接下来观察图 4 - 2 - 22，对猜测做实验，并将结果填在对应的表 4 - 2 - 1 中。[教师对图 4 - 2 - 22（a）进行示范，填表，剩余内容由学生分小组完成]

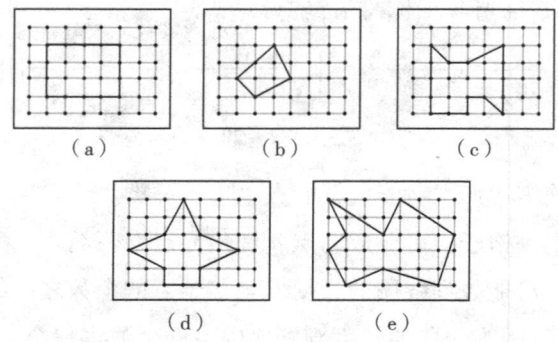

图 4 - 2 - 22

表 4 - 2 - 1

图号	代数式				
	（Ⅰ）a	（Ⅱ）b	（Ⅲ）$a+b-1$	（Ⅳ）$b/2+a$	（Ⅴ）正确面积
图 4 - 2 - 23（a）					
图 4 - 2 - 23（b）					
图 4 - 2 - 23（c）					
图 4 - 2 - 23（d）					
图 4 - 2 - 23（e）					

　　实验者将较有可能的两个公式填入（Ⅲ）格（Ⅳ）格中，并对每一个图形分别进行计算。从学生中选取一组代表将该组数据填入表格完成计算（表 4 - 2 - 2），并由其成员解释计算方法和解答过程，其他各组校对答案，当取得一致意见时，教师进一步提问。

　　师：比较（Ⅲ）与（Ⅴ）、（Ⅳ）与（Ⅴ），我们发现两个公式都不对。该如何修正呢？

表 4 - 2 - 2

图号	代数式				
	（Ⅰ）a	（Ⅱ）b	（Ⅲ）$a+b-1$	（Ⅳ）$b/2+a$	（Ⅴ）正确面积
图 4 - 2 - 23（a）	6	14	19	13	12
图 4 - 2 - 23（b）	3	5	7	5.5	4.5

续 表

图号	代数式				
	（Ⅰ）a	（Ⅱ）b	（Ⅲ）$a+b-1$	（Ⅳ）$b/2+a$	（Ⅴ）正确面积
图 4-2-23（c）	5	16	20	13	12
图 4-2-23（d）	8	10	17	13	12
图 4-2-23（e）	18	9	26	22.5	21.5

生 A：（Ⅲ）组的数值减去 $b/2$ 就是正确面积，即修正为 $a+b/2-1$。

生 B：也可以看成（Ⅳ）组的数值减去 1 即为（Ⅴ）的值。同样也是 $a+b/2-1$。

师：看来大家从两个不同的角度来思考这个问题都得到了一致的答案。那么这种猜测是否正确呢？请大家看到屏幕（展示资料）。

早在 1899 年，奥地利数学家皮克便发现了这个计算点阵中多边形面积的公式：$S=b/2+a-1$。（其中 a 表示多边形内部的点数，b 表示多边形边界上的点数，S 表示多边形的面积）

早在 100 多年前，就有数学家发现了这个公式，而今天我们也初步猜测出了这一结果，此时你们有何感想？

生 A：只要我们善于在生活中发现问题，并进行探索就有机会成为数学家。

生 B：我在想怎么能给皮克公式一个完善的证明。

师：如何进行证明？这是一个很有挑战性的问题，顺着这一想法观察 $S=a+b/2-1$。你能否从另一个角度仿照一维植树问题的情形，考虑图 4-2-23 的长方形。

生（将其图形解释展示）：一个内点占一个单位面积，即 a 个内点所占面积为 a，而边界点分成两种情况。

（1）在侧边上的点，每一点占 1/2 个单位面积。

（2）四个顶点，一点占 1/4 个单位面积。

因此，如果将每一个边界点都看成占 1/2 个单位面积，那么 b 个边界点所占面积为 $b/2$。而整个合起来就多算了一个单位面积，必须减掉 1。

可见，我们的猜测是合理的。

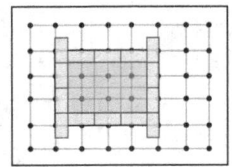

图 4-2-23

师（在多媒体上用动画进一步进行形象的解释）：这一方法对简单的点阵中的多边形面积计算是一个很好的理论解释，那么复杂的图形又该如何处理呢？希望大家能带着这个问题进行一些课后思考和讨论。

师（小结）：本节课我们以一节实验课的形式，对点阵中多边形的面积计算进行了大胆的探索与尝试。从一维线段长度推理转入二维面积计算，大家通过积极参与，动手实践，初步推测出了一个世纪前数学家经过证明所得到的皮克公式。可见大家只要学会思考，善于从周围的生活中发现问题，并有意识地进行探索分析，结合我们所学习的数学知识一定会摸索出新的为大家所不知的新发现、新公式，成为 21 世纪的小数学家。当然我们现在所学的知识还很有限，只有不断地丰富个人的文化素质与修养，大胆实践，才能从小数学家逐步成长为大数学家。

【教学反思】

优点：

本节课很好地将数学基本功训练融入教学，使得学生在进行公式猜测的同时不脱离基础计算和逻辑推理；有机地将数学课标与数学实验结合在一起并进行拓展；为学生提供了一种新的思维方法和解决问题的手段及途径，通过小组竞赛的形式极大地调动了学生学习的积极性。

不足之处：

（1）从一维线段到二维面积计算切入过于突然，学生比较难以接受。采用从规则图形到不规则图形的过渡或许可以更为自然（图 4－2－24）。固定自变量 a 来讨论 b 与 S 的关系。

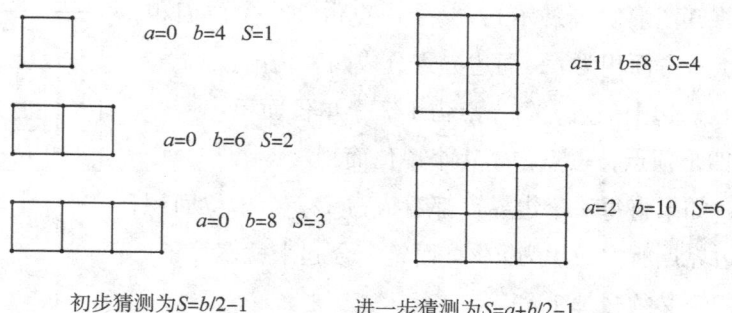

$a=0$　$b=4$　$S=1$

$a=1$　$b=8$　$S=4$

$a=0$　$b=6$　$S=2$

$a=0$　$b=8$　$S=3$

$a=2$　$b=10$　$S=6$

初步猜测为 $S=b/2-1$　　　　进一步猜测为 $S=a+b/2-1$

图 4－2－24

（2）由于时间关系学生自主探究的时间不够充分，若能根据需要延长课时相信此节课的讨论会更热烈和深入。

（3）教师在此节课中"导"的过程还没有完全体现出来，"演"得过多，虽然课堂气氛比较活跃但仍要以学生为探究的主体。

八年级上册第一章《从勾股定理谈起》教学案例

九江市同文中学　钟敏

【文化背景及教学内容介绍】

本课例为北师大版义务教育教材初中数学八年级上册第一章《勾股定理》习题拓展课。众所周知，勾股定理的证明有着悠久的历史，它的证明者界域之广，证明方法之多，思想方法之丰为世人所惊叹。

该课例以古今中外四位著名的数学家（毕达哥拉斯、赵爽、刘徽、达·芬奇）关于勾股定理证明方法及相关数学史料为背景，给学生展现了多种数学思想方法，在几何模型的延伸应用方面进行了充分的探讨归纳。本课无论是加强学生对数学文化知识的了解，还是在实际操作中数学模型思想的教学渗透都是多有裨益的，尽最大可能对学生的核心素养培养给予关注。

【学情预设及教学目标解析】

八年级学生已经完成《勾股定理》和《实数》两个章节的学习，初步掌握了等积法的勾股定理证明和无理数的基本运算，具备本节课课堂探讨的知识储备能力及一定的观察、归纳、探索和推理能力。同时，勾股定理的其他证明方法在情感上对学生具有较强的吸引力，学生有意愿进行主动探索。

通过课例学习，学生了解几位历史名人对勾股定理的发现过程，掌握多种数学思想方法和几何模型建构，培养在实际生活中发现问题、总结规律的意识和能力。学生通过课题学习的方式，利用查阅书籍、网络资料来丰富和拓展对勾股定理的历史背景、文化背景的了解与积累，一方面拓展学习手段，提升学习素养；另一方面传承传统数学文化，建立文化自信。

【教学过程展示及意图说明】（2 个课时）

（一）导语

八年级上册第一章我们曾利用等积法证明了勾股定理，关于勾股定理证明的探索从未停止。据不完全统计，到目前有 400 余种证明勾股定理的方法，今天我们将介绍三位数学家的证明方法，他们的证明将给我们怎样的启示呢？让我们从勾股定理谈起。

（二）经典证明 1

1. 毕达哥拉斯的毕达哥拉斯树

图 4 – 2 – 25 为毕达哥拉斯及迭代变化的毕达哥拉斯树。

图 4 – 2 – 25

问 1：如此奇妙的毕达哥拉斯树是如何演变出来的呢？

生 1：由多个正方形拼成的。

问 2：这些正方形之间的边长有怎样的关系？

生 2：相邻的三个正方形的边组成了一个直角三角形。

问 3：可否理解为以一个直角三角形的三边为边长向外作了三个正方形？

生 3：可以，这个图在课本的勾股定理网格证明中曾出现过，毕达哥拉斯树是由最下面一级的勾股图一层一层"生长"出来的。

师：很好。从一级勾股图出发，通过迭代可得到枝繁叶茂、栩栩如生的毕达哥拉斯树（勾股树）。

图 4 – 2 – 26 为迭代级数不变而直角边的长度动态变化的毕达哥拉斯树，学生对此惊叹不已。

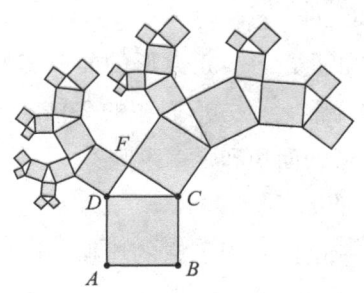

图 4 - 2 - 26

问 4：它美吗？是什么造成了它的变化？

生：很美，很神奇，像幻彩，它的枝干在动，像在跟我们挥手。直角三角形的直角边长度的改变造成了它的变化。

师：观察力很强。通过改变第一代勾股定理图中直角三角形三边的比例，或者在迭代过程中适当改变两直角边的方向，可以得到动态的毕达哥拉斯树。近年来的中考习题对此类问题有所涉足。

设计意图：从介绍古希腊数学家毕达哥拉斯的简要事迹入手，通过几何动画演示勾股树的奇妙变化，让学生感受数学的无穷魅力，惊叹数学的几何之美；吸引学生眼球的同时，让学生接受数学文化的熏陶。

2. 例题赏析

1. 图 4 - 2 - 27 是一株美丽的勾股树，其中所有的四边形都是正方形，所有的三角形都是直角三角形。若最大正方形 M 的边长是 3，则正方形 A，B，C，D，E，F 的面积之和是_____。

（结合图形读题作答）

生 1：M 的面积。

生 2：不对，我认为是 2 个 M 的面积。

师：哦？能给出你的理由吗？

生 2：因为 $S_A + S_B = S_E$，$S_C + S_D = S_F$，$S_E + S_F = S_M$，所以 $S_A + S_B + S_C + S_D + S_E + S_F = 2（S_E + S_F）= 2S_M$，刚才那位同学少累积了一次，所以答案应该是 18。

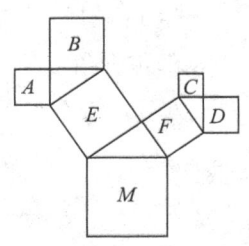

图 4 - 2 - 27

师（对生 1）：你认为呢？

生 1：我只求了 A，B，C，D 的面积和，漏了 E，F 的面积，不过我发现每级正方形的面积和都是相等的。

师：有点意思，确实如此，每级正方形的面积和均等于 S_M。该图完成了 2 次迭代，正方形的面积和为最大正方形面积的 2 倍。如果有 3 次迭代，那么除最大正方形以外所有正方形的面积和是多少呢？

生（齐）：3 个 M 的面积。

师：太棒了，看来大家已经发现了它的奥秘，课后请试着总结一下 n 次迭代后的面积规律。

教学反思：该题恰为勾股树的第一、二代直角三角形的组合图形，题目较为容易，需要学生掌握直角三角形三边构成的正方形之间的面积关系及迭代后的面积关系。

3. 努力尝试

2. 在直线 l 上依次摆放着七个正方形（图 4 – 2 – 28）。已知斜放的三个正方形的面积分别是 1，2，3，正放的四个正方形的面积依次是 S_1，S_2，S_3，S_4，则 $S_1 + S_2 + S_3 + S_4 =$ _____。

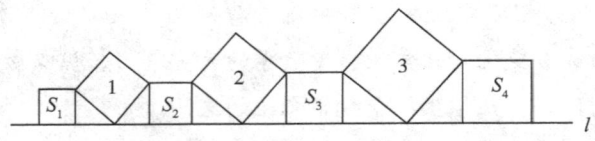

图 4 – 2 – 28

生 1：我猜面积为 6。

师：哪儿来的灵感？

生 1：勾股树的面积叠加。

师：直角三角形在哪里？是否有完整的勾股树？没有怎么办？

生 1：每个直角三角形周边有两个正方形，不是完整的勾股树，可以考虑补全。

师：动手试试看。

生 1 展演。

4. 模型建构

如图 4 – 2 – 29 所示，直线 l 上有三个正方形 a，b，c，探讨它们的面积关系。

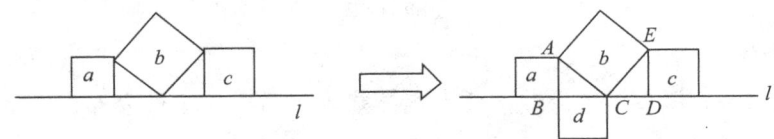

图 4-2-29

师：大家观察图形，你发现了什么？

生2：根据勾股定理的几何意义，b 的面积 $=a$ 的面积 $+d$ 的面积。

师：那正方形 c 的面积和正方形 d 的面积有什么关系呢？

生3：我猜它们相等。

师：大胆猜测，小心求证。

生3：它们的边分别在 $\triangle ABC$ 和 $\triangle CDE$ 中，如果两个三角形全等，问题就可以解决。

师：比比画画，找找条件。

生4：通过"一线三等角"可得 $\triangle ABC \cong \triangle CDE$，因此 $BC=DE$，c 的面积 $=d$ 的面积，所以 b 的面积 $=a$ 的面积 $+c$ 的面积。

（掌声）

师："一线三等角"这个模型在许多几何综合题中的出镜率很高，大家要多加关注。下面回归原图，该题的答案是多少？

生（齐）：4。

设计意图：经过两道例题赏析，学生的勾股树模型基本建立，"努力尝试"这一环节需要进行独立思考，残缺的勾股树需要学生在几何直观的经验积累下，主动进行勾股树的构建、补充，这是对教学成效的一次考验。

5. 课后思考

勾股定理是几何中的一个重要定理，在我国古算书《周髀算经》中就有"若勾三，股四，则弦五"的记载。图 4-2-30（a）是由边长相等的小正方形和直角三角形构成的，可以用其面积关系验证勾股定理。图 4-2-30（b）是由图 4-2-30（a）放入矩形得到的，$\angle BAC=90°$，$AB=$

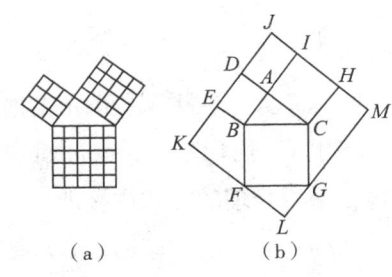

（a）　　　（b）

图 4-2-30

3，$AC = 4$，点 D，E，F，G，H，I 都在矩形 $KLMJ$ 的边上，则矩形 $KLMJ$ 的面积为多少？

设计意图：课后训练提升，题干本身就是一则数学史的介绍，从古希腊数学家回归古代中国数学家，感受古代数学史发展的异曲同工，同时增强学生的民族自豪感。学生经历"人物介绍"—"例题赏析"—"努力尝试"—"模型建构"—"课后思考"的教学过程，实现从对数学史的了解、数学思想方法的感悟，最终到数学素养的提升。

（三）经典证明2

1. 动手操作

图 4 - 2 - 31 是甲、乙两张不同的矩形纸片，将它们分别沿着虚线剪开后，各自要拼一个与原来面积相等的正方形，则（　　）。

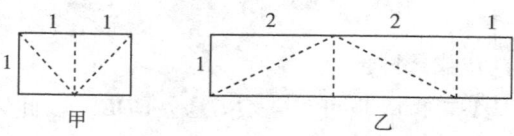

图 4 - 2 - 31

A. 甲、乙都可以 　　　　B. 甲、乙都不可以

C. 甲不可以，乙可以 　　D. 甲可以，乙不可以

（学生动手操作展示，通过生生协作，拼图结果如图 4 - 2 - 32 所示，选 A）

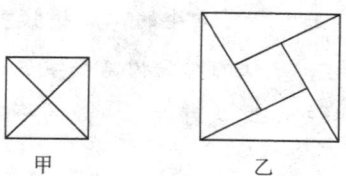

图 4 - 2 - 32

师：大家在拼这些图形的时候有什么诀窍吗？

生1：面积不变，通过面积计算正方形的边长，在原图中找到满足条件的边，采用合理的方式拼接即可。

师：等积法的应用，数形结合的体现，很赞哦！其实图 4 - 2 - 33 的拼接得到的便是著名的赵爽弦图。

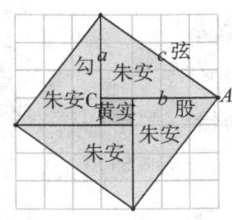

图 4 - 2 - 33

教学反思： 建立新的几何模型，从学生动手操作开始，使学生亲身体验构图的过程，为后面赵爽弦图的引入做铺垫。

2. 赵爽的赵爽弦图

图 4 - 2 - 34 为赵爽弦图及其变化图。

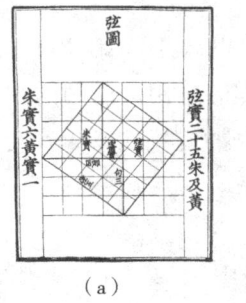
（a）

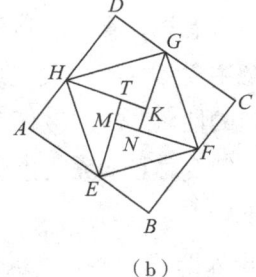
（b）

图 4 - 2 - 34

师：这又是一个由勾股定理证明衍生出的几何模型，该模型所体现的四个全等直角三角形和两个正方体之间的面积关系是数学家热衷研究的对象。

3. 例题赏析

（2015·遵义）我国汉代数学家赵爽为了证明勾股定理，创制了一幅"弦图"，后人称其为"赵爽弦图"［图 4 - 2 - 34（a）］。图 4 - 2 - 34（b）由赵爽弦图变化得到，它是由 8 个全等的直角三角形拼接而成的，记图中正方形 AB-CD、正方形 EFGH、正方形 MNKT 的面积分别为 S_1，S_2，S_3。若正方形 EFGH 的边长为 2，则 $S_1 + S_2 + S_3 =$ _____。

（学生阅读，解决问题遇到障碍，不能明确条件转化后面积的数量关系）

师：请关注该题的关键条件——8 个全等的直角三角形、3 个正方形、中间正方形的边长为 2。你该如何考虑？

生1：由条件易知 $S_2 = 4$，我觉得可以从 3 个正方形之间的面积关系入手，而且这里有赵爽弦图，或许有线索。

师：有道理，来看看弦图中有哪些量，量与量之间又有怎样的联系。

生2：有直角三角形，斜边恰好为中间正方形的边长。

生3：两直角边的差恰为小正方形的边长。

师：如何用式子来体现这些关系？

生4：设直角三角形的两直角边分别为 x，y，则 $S_2 = x^2 + y^2 = 2^2$，$S_1 = (x-y)^2 = 4 - 2xy$。

师：那 S_3 如何表示？

生4：$S_3 = S_2 + 2xy = 4 + 2xy$，我知道了，$S_1 + S_2 + S_3 = 12$。

师：其实，通过整体观察图形也可找到三者之间的等差数量关系，$S_3 - S_2 = S_2 - S_1 = 4S_{Rt\triangle}$，所以 $S_1 + S_2 + S_3 = 3S_2$。

生：数形结合真有意思，真没想到可以这样简洁。

教学反思：此题主要考查了勾股定理的应用，用到的知识点是勾股定理和正方形、全等三角形的性质。对"弦图"的变式使学生耳目一新，完全平方公式的介入更是对数形结合思想的完美诠释。

（四）经典证明3

1. 刘徽的青朱出入图

（展示《九章算术注》出入相补原理）

[展示刘徽个人和青朱出入图（图4-2-35）]

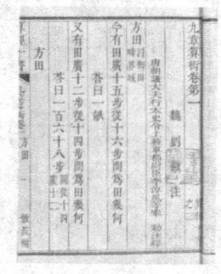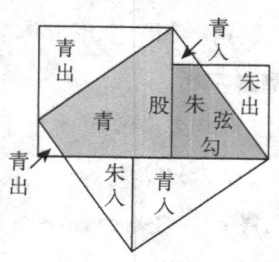

图4-2-35

设计意图：动手制作、动画演示、人物介绍多个维度的引导与感知，使学生在图形的变化中深刻体会等积变换。这是通过图形面积的割补完成的"动态"证明，好学易懂。它基于"平面图形作为一个刚性体在运动时，面积不发

126

生变化"这样一个假设，与"出入相补原理"合璧，构建起中国古代几何简洁而完备的理论体系。

生1：都是古代数学文化的精粹。

生2：都用了等积法。

生3：都显示了数形结合思想。

2. 努力尝试

（2013·北京）阅读下面材料：

小明遇到这样一个问题：如图4−2−36（a）所示，在边长为 a（$a > 2$）的正方形 ABCD 各边上分别截取 $AE = BF = CG = DH = 1$，当 $\angle AFQ = \angle BGM = \angle CHN = \angle DEP = 45°$时，求正方形 MNPQ 的面积。

小明发现：分别延长 QE，MF，NG，PH，交 FA，GB，HC，ED 的延长线于点 R，S，T，W，可得△RQF，△SMG，△TNH，△WPE 是四个全等的等腰直角三角形［如图4−2−36（b）］。

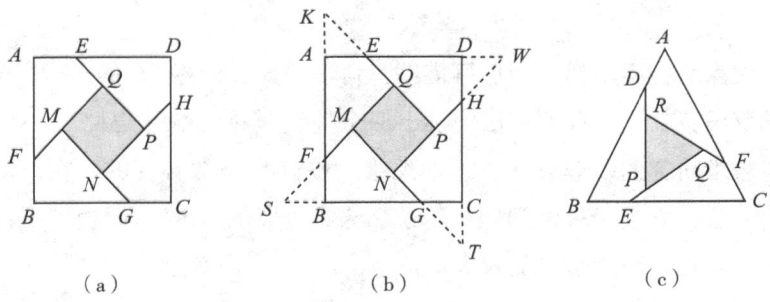

（a）　　　　　　（b）　　　　　　（c）

图 4 − 2 − 36

请回答：

（1）若将上述四个等腰直角三角形拼成一个新的正方形（无缝隙，不重叠），则这个新的正方形的边长为＿＿＿＿＿＿。

（2）求正方形 MNPQ 的面积。

（3）参考小明思考问题的方法，解决问题：如图4−2−36（c）所示，在等边△ABC 各边上分别截取 $AD = BE = CF$，再分别过点 D，E，F 作 BC，AC，AB 的垂线，得到等边△RPQ，若 $S_{\triangle RPQ} = \dfrac{\sqrt{3}}{3}$，则 AD 的长为＿＿＿＿＿＿。

［师展示问题（1）的动画过程］

生1：延伸出来的四个直角三角形均为等腰直角三角形且全等，那么 $AE = DW$，所以 $EW = AD = a$。

师：新的正方形的边长与原正方形的边长一致，那么你发现了什么？

生2：由青朱出入的等积原理，可得正方形 $MNPQ$ 的面积就是 $4S_{\triangle ARE} = 2$。

师：由此及彼，请大家动手尝试解决问题（3）。

生3：作如图 4-2-37 所示的辅助线，很快得出结论 $S_{\triangle RPQ} = \dfrac{\sqrt{3}}{3} = 3S_{\triangle AMD}$。

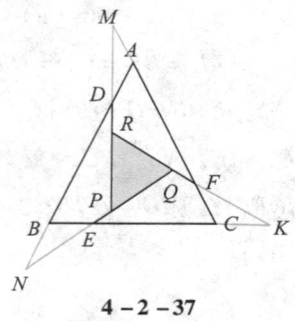

4-2-37

师：大家掌握得不错，而后可借助三角形的知识计算 AD 的长。

教学反思：在众多证明方法中理出一个提纲挈领的统一思路（不变性）对学生看清数学研究的一般方法、理性思维的提升是非常必要的。在教学中渗透不变性的做法，立足于具体问题的解决，着眼于对数学的本质理解，谋求的是学生的长期发展和数学学科的育人价值。

（五）课堂小结

通过这节课的学习，你都学到了些什么？你感触最深的是什么？（PPT展示）

你还想知道有关勾股定理的其他证法吗？

生1：了解了许多名家对勾股定理的证明方法。

生2：古代人类智慧真让我们惊叹。

生3：掌握了几种数学基本模型。

生4：数形结合法、等积法的妙用。

生5：非常有意义，我想上网查查还有没有其他有意思的证明。

生6：中考题其实也不难，我也能做，哈哈。

师：总结得不错，这节课我们一起了解了勾股定理在世界数学史中的发展情况，感受了古人的智慧及数学文化的魅力，这其实也是一种数学文化价值的体现。在经历了多个活动探索后，初步掌握数形结合思想以及由特殊到一般的探究问题的方法，我们的几何直观、推理、建模应用能力得到了提升，既丰富了数学视角，又夯实了数学基础知识。我们无不惊叹数学的逻辑之美。

（六）课后作业

1. 查阅还有哪些勾股定理的证明方法。

2. 你能不能自己也去画一画、拼一拼，设计一种方案去验证勾股定理？

设计意图：鼓励学生课后探索，通过查阅资料、动手操作、逻辑验证、撰写论文等方式进行拓展学习，激发学生学习数学的兴趣，提升学生的综合素养和应用意识。

八年级下册第三章《图形的旋转》教学案例

九江市第十一中学　熊巧闵

【教材分析】

图形的旋转是初中三大图形变换之一，其对应的图形旋转试题也是近年来中考的热点题型。本课需要学生掌握图形旋转的定义并理解图形旋转的性质，更要培养学生的空间观念，使学生学会从图形变换的角度观察、分析问题，运用图形旋转的性质解决问题，从而提升学生的数学思维能力。所以本课对学生分析问题、解决问题的能力要求很高，尤其是图形的动态变化较难理解，因此本节活动课旨在让学生通过实践操作，在动手动脑中加深对图形旋转定义和性质的理解及运用，以数学实验的形式，提高学生参与的积极性，增强学生动手实践的能力，使学生积累数学活动经验，把实验操作与数学思维紧密结合起来，让学生感受探索实践的乐趣与数学的魅力。

【学情分析】

学生在小学阶段接触过图形旋转的概念，上初中后学习了图形的平移和轴对称，对图形变换的理解和运用积累了一些经验，然后继续学习了图形旋转的定义和性质。虽然学生已经有了一定的基础，也具备一定的数学思维能力，但对事物的本质认识比较欠缺，而且图形旋转的要素很多，也比较抽象，学生理解起来存在困难，所以我借助本节活动课，在实践操作中加深学生对图形旋转概念的理解，使学生从感性认识上升到理性认识，并引导学生学会运用旋转的性质画图并解决问题。

【教学目标】

1. 图形旋转教学的核心就是让学生掌握图形旋转的概念，理解并运用图形旋转的性质，同时让学生学会用旋转三要素描述旋转运动过程，并运用旋转的性质作图，把握旋转现象的共性，理解旋转过程中的不变量。

2. 图形变换与空间观念是初中非常重要的数学思想和能力，与综合性几何题密切相连，是学生必须具备又较难掌握的知识。本节课让学生经历观察、猜想、操作验证的活动过程，增强学生动手实践的能力，让学生体会图形变换的数学思想；同时思考与交流贯穿整个活动，使学生的空间观念与推理能力得到大力发展，并提升学生的数学思维能力。

3. 在活动中让学生体会旋转在自然界和现实生活中的广泛应用，感受数学文化的价值和魅力，促进学生审美意识的发展，丰富学生数学活动的体验，激发学生学习数学的兴趣。

【教学重难点】

1. 教学重点：掌握图形旋转的定义，学会用旋转三要素描述旋转运动过程，并理解图形旋转的性质，感受数学文化的价值和魅力，促进审美意识的发展。

2. 教学难点：验证旋转的性质，并运用旋转的性质作图，把握旋转现象的共性，理解旋转过程中的不变量，体会旋转在自然界和现实生活中的广泛应用。

【教学过程】

课前准备：风车、硬卡纸、大头针、方格纸。

（一）回顾定义

师：请大家回顾一下，旋转的定义是什么？

如图 4 – 2 – 38 所示，前面已经布置同学们在家提前做好一个风车，下面老师给定旋转方向和旋转角度，请大家结合旋转的定义说一说风车叶片旋转的过程。

图 4 – 2 – 38

学生活动：回顾旋转的定义，并尝试结合旋转的定义说出风车叶片旋转的过程。

课堂预设：

（1）旋转的定义：在平面内，将一个图形绕一个定点按某个方向转动一定的角度，这样的图形运动称为旋转，这个定点称为旋转中心，转动的角称为旋转角。旋转不改变图形的形状和大小。

（2）刚开始学生表述起来会比较生疏，可能会遗漏旋转三要素中的某一个，此时教师可以适当提醒学生，引导学生完整地说出风车叶片的旋转过程，如"风车叶片 OA 绕旋转中心点 O 按逆时针方向旋转 90°"。

设计意图：让学生回顾旋转的定义，加强学生对旋转定义的记忆，使后面的活动更顺畅；生活中有很多旋转现象，但是学生很难用准确的数学语言表述旋转过程，所以设计旋转实例，从具体到抽象，进一步增强学生对旋转定义的掌握，让学生知道旋转的定义的核心是旋转三要素，使学生学会用旋转三要素准确描述旋转运动过程。

（二）回顾、验证性质

师：请大家回顾一下，旋转的性质是什么？

如图 4 – 2 – 39 所示，在硬卡纸上挖去一个三角形，在三角形外找一点 O 固定大头针，点 O 即为旋转中心，硬卡纸下面放一张白纸，先在纸上描出这个挖去的三角形图案（$\triangle ABC$），然后围绕旋转中心 O 转动硬卡纸，再一次描出挖去的三角形（△*A′B′C′*），移开硬卡纸，请同学们验证以下内容：

（1）线段 *OA* 和 *OA′* 是否相等？

（2）∠*AOA′* 和∠*BOB′* 是否相等？

（3）△*ABC* 和△*A′B′C′* 的形状和大小是否相同？

（4）你还能验证其他有相等关系的线段和角吗？这一发现对于任意三角形的任意旋转都成立吗？

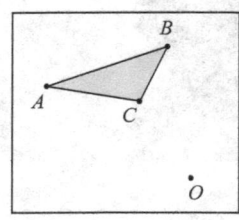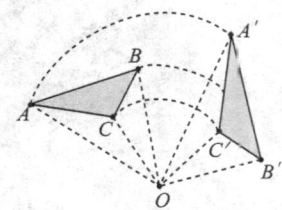

图 4 – 2 – 39

学生活动：先回忆旋转的性质，然后进行实践操作，画图并验证旋转的性质，再交流讨论问题（4）。

课堂预设：

旋转的性质：对应点到旋转中心的距离相等，任意一组对应点与旋转中心的连线所成的角都等于旋转角，对应线段相等，对应角相等。

（1）相等；（2）相等；（3）相等；（4）根据旋转的性质，还有 $OB = OB′$，$OC = OC′$，∠*AOA′* = ∠*BOB′* = ∠*COC′*（鼓励学生有新的想法）。这些发现对于任意三角形的任意旋转都成立。

设计意图： 回顾旋转的性质，让学生加深对旋转性质的记忆和理解；通过实践操作，让学生初步掌握旋转作图的技巧，再次结合实际情境掌握旋转的概念；引导学生验证旋转情境中有关线段、角、三角形之间的关系，进一步加强学生对旋转性质的理解，把握旋转现象的共性，理解旋转过程中的不变量。

（三）运用性质作图

（1）如图 4 – 2 – 40 所示，在方格纸中将四边形 *ABCD* 绕点 *O* 按逆时针方向分别旋转 90°，180°，270°，画出旋转后的图形。

（2）如图 4 – 2 – 41 所示，将五边形 *ABCDE* 绕点 *O* 按顺时针方向旋转 150°，画出旋转后的图形。

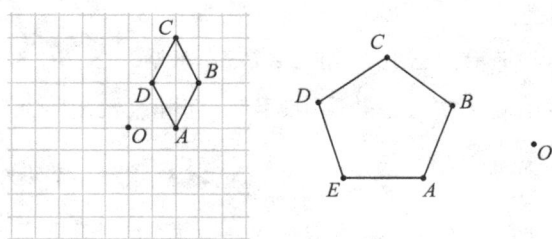

图 4 - 2 - 40　　　　图 4 - 2 - 41

学生活动：手脑并用，与同伴交流，并进行实践操作，画出旋转后的图形。

课堂预设：

（1）利用方格纸作图，如图 4 - 2 - 42 所示。

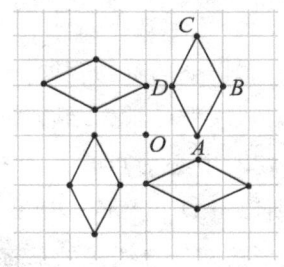

图 4 - 2 - 42

（2）利用圆规和量角器作图，如图 4 - 2 - 43。

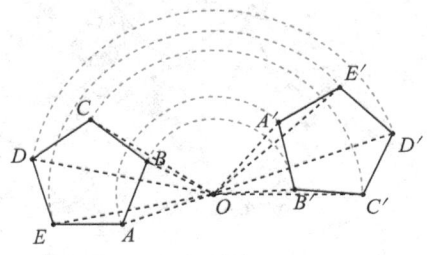

图 4 - 2 - 43

设计意图：让学生从前面简单的三角形的旋转过渡到四边形的旋转，再到五边形的旋转，并从方格纸的旋转过渡到无方格纸的旋转，这样循序渐进，层层递进，引导学生掌握旋转作图的基本方法，逐步加深学生对旋转定义和性质的理解与运用，让学生体验旋转变换的思想，并向学生渗透空间观念。

（四）拓展提高

如图 4-2-44 所示，△ABC 和 △A′B′C′ 全等，△ABC 经过旋转可以得到 △A′B′C′，你能找出旋转中心，并确定旋转方向和旋转角吗？

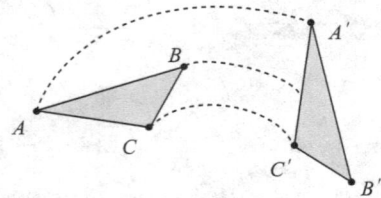

图 4-2-44

学生活动：手脑并用，与同伴交流讨论，并进行实践操作，确定旋转中心、旋转方向和旋转角。

课堂预设： 学生刚开始可能找不到解题方向，会不断尝试实践操作，但很难准确找到旋转中心，此时教师须引导学生结合旋转的性质来思考：对应点到旋转中心的距离相等。假设旋转中心为点 O，则 $OA = OA′$，$OB = OB′$，$OC = OC′$，如图 4-2-45 所示，所以点 O 在 $AA′$，$BB′$，$CC′$ 的垂直平分线上（画其中两条即可），即旋转中心为对应点所连线段的垂直平分线的交点，旋转方向是顺时针旋转，旋转角是 $∠AOA′$。确定这些后再让学生进行旋转操作来进行验证。

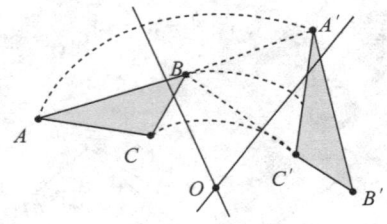

图 4-2-45

设计意图： 让学生思考讨论，培养学生自主探索与合作交流的能力；同时让学生进行实践操作，可以让学生增强的动手能力，积累活动经验；提醒学生结合旋转的性质解决问题，引导学生从无序的尝试走向有序的思考，加强学生的数学思维能力和灵活运用数学知识解决实际问题的能力。

（五）旋转作图

如图 4-2-46 所示，生活中有很多精美的图案都是由旋转变换得到的，请发挥你们无限的想象力，创作美丽的旋转图形，和同伴一起分享。

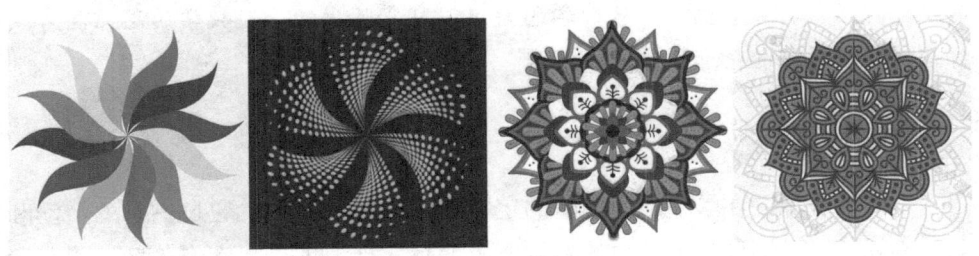

图 4 - 2 - 46

学生活动：尝试运用旋转变换作出美丽的图形，和大家分享。

课堂预设：鼓励学生积极创作（可以课后完成），把学生的优秀作品进行展示。

设计意图：让学生欣赏由旋转变换得到的精美图案，体会图形变换中的数学之美，感受数学文化的价值和魅力，促进学生审美意识的发展；让学生自己发挥想象力进行旋转图形的创作，既可以继续巩固学生对旋转定义、性质的理解与掌握，又可以培养学生的创新意识，丰富学生数学活动的体验，激发学生学习数学的兴趣。

【课堂总结】

通过本节活动课的学习，你有哪些收获和感悟？

学生活动：回顾本节活动课的经历，与同伴交流讨论，总结收获和感悟。

课堂预设：学生主要有以下收获和感悟。

（1）从现实中的旋转实例出发，学生进一步掌握了旋转的概念，熟悉了运用旋转三要素描述旋转运动的过程；通过实验操作，验证了旋转的性质，并运用旋转的性质作图，认识到旋转现象的共性和旋转过程中的不变量。

（2）在旋转作图的实践过程中，学生体会到旋转变换的数学思想；通过把旋转与几何图形结合起来，学生的空间观念与推理能力得到大力发展，并提升了数学思维能力。

（3）学生欣赏旋转变换的图形，感受到数学文化的价值和魅力，促进审美意识的发展，丰富数学活动的体验，体会旋转在自然界和现实生活中的广泛应用。

设计意图：通过小结，加深学生对旋转定义和性质的理解，内化数学知识为己用，扩充知识网络，培养学生独立分析、归纳总结的能力，充分发挥学生的主体作用；引导学生学会从数学的角度观察实际生活，用数学的思维思考实际问题，用数学的语言表述实际情境。

【教学反思】

本节活动课是在学生学完旋转的定义和性质后进行的，通过一系列活动和实际操作，旨在帮助学生认识旋转三要素的重要性，进一步掌握旋转的定义和性质，学会运用旋转的性质作图并解决问题，感受数学文化的价值和魅力，丰富数学活动的体验，激发学习数学的兴趣。

在设置活动时，需要注意循序渐进、环环相扣：从旋转定义的巩固到旋转性质的理解与运用，从三角形的旋转过渡到四边形的旋转再到五边形的旋转，从方格纸作图到无方格纸作图，层层递进，引导学生突破重难点，培养学生图形变换的数学思想与空间观念。

在活动过程中，教师需要根据问题的难易合理设置学生的活动时间，给予学生充分思考以及交流讨论的时间，培养学生自主探索与合作交流的能力；让学生课后继续用旋转作图，可以激发学生的创作热情，让学生体验学习数学的乐趣，体现学生是学习的主体。经常布置类似的活动可以让学生的情感和能力都得到大力发展。

九年级上册第一章
《特殊平行四边形——中点四边形》教学案例

九江市同文中学　倪修兰

【教材分析】

"中点四边形"一节课是义务教育北师大版教材初中数学九年级上册《特殊平行四边形》一章中的内容，这一节课与平行四边形的基本性质与判别有着紧密的联系，对这一节课的学习，既可以让学生接受、理解特殊平行四边形的识别并学会中点四边形形状的确定，又可使学生加深对特殊平行四边形的对角线与形状的关系的理解，及了解数学探究学习的一般方法与步骤，为日后的科学研究学习做好了准备，对培养学生的科学素养起到重要作用。

【学情分析】

本节课是在学生学习了平行四边形、矩形、菱形、正方形的性质和判定，以及三角形中位线的性质后安排的一节探究活动课。一方面，中点四边形问题本身是四边形中一个有趣的探索问题；另一方面，本节课的探究既可复习四边形以及三角形中位线，又可作为探究中点四边形性质的新授课。学生经过观察、探究中点四边形的形状与原四边形的关系，进一步延伸到三角形中位线及特殊四边形的相关知识在实际中的应用。同时，探索和证明中点四边形的特殊性质还可以让学生体会证明的必要性，并进一步丰富学生对图形的认识和感知。

【教学目标】

通过感受中点四边形的形状取决于原四边形的两条对角线的位置与长短来判定中点四边形的形状，培养学生观察、发现、分析、探索知识的能力及创造性思维和归纳总结能力，通过对图形既相互变化又相互联系的内在规律的探究渗透辩证唯物主义观点，使学生领悟到事物是运动、变化、相互联系和相互转化的；激发学生探索数学的兴趣，让学生体验数学学习的过程与探索成功后的喜悦。

【教学准备】

1. 学生：由数学科代表负责，根据学生情况进行分组，每组 4～5 人；课前预习中点四边形的定义，每个小组用纸片画出普通四边形、平行四边形、矩形、菱形、正方形、普通梯形、直角梯形、等腰梯形的中点四边形。

2. 教师：准备教具——四边形演示器、各种特殊四边形图片。

【教学过程】

（一）复习、回顾与准备

问题 1：

四边形的分类、关系及特殊四边形的定义，如图 4 - 2 - 47 所示。

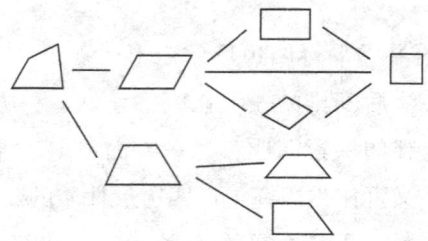

图 4 - 2 - 47

问题 2：

三角形中位线性质——用几何语言表示，如图 4 - 2 - 48 所示。

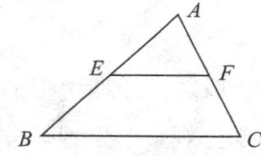

图 4 - 2 - 48

活动要求：学生结合教师课件中给出的图独自回答。

教师指导：提问、指导并小结。

设计意图： 检查学生对本章所学知识的掌握情况，为学习本节内容做理论上的准备。

（二）基础问题探究

问题 1（预习内容）：

依次连接普通四边形各边中点所成的四边形是什么形？请同学们画一画、推一推、量一量、猜一猜并证一证。

问题 2：

已知如图 4 - 2 - 49 所示，点 E，F，G，H 分别是四边形 $ABCD$ 各边中点。

求证：四边形 $EFGH$ 为平行四边形。

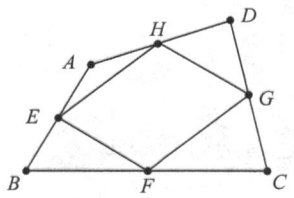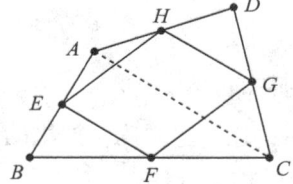

图 4 - 2 - 49

活动要求：在预习的基础上，学生容易对问题 1 达成共识——普通四边形的中点四边形是平行四边形，在此基础上完成问题 2 的证明过程。

这里的证明方法有多种，教师要注意引导学生通过作辅助线——对角线的方法，应用三角形中位线定理来证明。

设计意图：通过学生对问题的观察、猜想及证明，让学生有一个严谨的学习态度，也为本节课研究各种四边形的中点四边形问题提供理论依据，做好理论准备，同时激发学生的学习兴趣，培养学生观察、发现、猜想、证明问题的数学思想和能力。

活动流程：观察—发现—猜想—交流—证明。

（三）基本概念的给出

给出中点四边形的定义：

如图 4 - 2 - 50 所示，顺次连接四边形各边中点所得的四边形叫作中点四边形。（板书课题）

（四）问题的深入研究和概括

研究：利用四边形教具或计算机变换问题 2 中的四边形 *ABCD* 的形状（图 4 - 2 - 50），它的中点四边形形状是否发生变化？有什么特点？

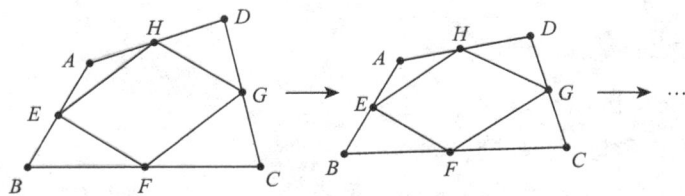

图 4 - 2 - 50

活动要求：学生共同观察与探讨。

教师指导：由于有问题 2 的证明思路，学生很容易得出此问题的答案。

（1）发现：无论四边形 *ABCD* 的形状怎么变化，中点凹边形 *EFGH* 的形状始终为平行四边形。

（2）证明：略。

（3）说明：让学生明确，这里的证明还是通过作辅助线——对角线，应用三角形中位线定理来进行。

（4）归纳：任意一个四边形的中点四边形都为平行四边形。

设计意图：通过电脑的动画效果，给学生创造一个发现问题、解决问题的情境，激发学生对变化事物的本质属性的探求欲望，培养学生观察、发现、猜想、证明问题的数学思想和能力。

继续探究：特殊四边形的中点四边形的形状。

问题 3：

如果把上题中的任意四边形改为平行四边形，那么它的中点四边形是什么形状？

把任意四边形改为矩形，它的中点四边形仍是平行四边形吗？有没有更特殊？

再把它改为菱形、正方形呢？改成一般梯形、直角梯形、等腰梯形呢？

结合手中准备的图片，小组探究以下几个问题（课件屏幕显示）的答案：

任意四边形的中点四边形都是＿＿＿＿＿＿＿；

平行四边形的中点四边形是＿＿＿＿＿＿＿；

矩形的中点四边形是＿＿＿＿＿＿＿；

菱形的中点四边形是＿＿＿＿＿＿＿；

正方形的中点四边形是＿＿＿＿＿＿＿；

梯形的中点四边形是＿＿＿＿＿＿＿；

直角梯形的中点四边形是＿＿＿＿＿＿＿；

等腰梯形的中点四边形是＿＿＿＿＿＿＿。

（五）群体参与，合作交流

（1）以四人为小组，充分利用课前准备好的图片，进行组内合作探究，充分发表己见，形成小组集体意见。

（2）进行组际交流，交流猜想结论、验证方法等。

（3）对于疑难问题，教师在巡视指导过程中进行解答讲解。

（4）学生概括题中两条对角线 AC 与 BD 在不同情况下与中点四边形形状的关系。

教师引导与组织学生以小组形式对问题进行探讨，得出结论，并指派代表发言，学生须说出证明的主要思路与过程。

对于每一个学生的回答，教师都应给予充分的肯定与表扬。

注意：在说明菱形的中点四边形是矩形时，学生可能会有困难，教师应用教具适时进行点拨，避免学生在此花费太多时间。

设计意图：这里，教师设计了一个容易激疑的渐进的问题情境，给学生的思维以方向和动力；用几个由浅入深的问题激发学生深入思考与探究，促使学生进行"发现问题，作出思考，提出猜想，进行验证"等探究性的学习活动，并教给学生探究性学习的方法。这样设计探究学习活动，是为了更有利于学生主体性的发挥。在探究活动中强调合作，促进了学生在思维品质、人格特征以及解题方法等方面的优势互补，使学生兴趣盎然地投入探究新知的学习活动。完成对问题"观察—猜想—研究—发现—证明"的过程，目的在于激发学生的学习兴趣，培养学生观察、发现、猜想、证明问题的数学思想和能力，培养学生从一般到特殊再到一般的研究问题的方法和概括能力。

活动流程（图 4 - 2 - 51）：

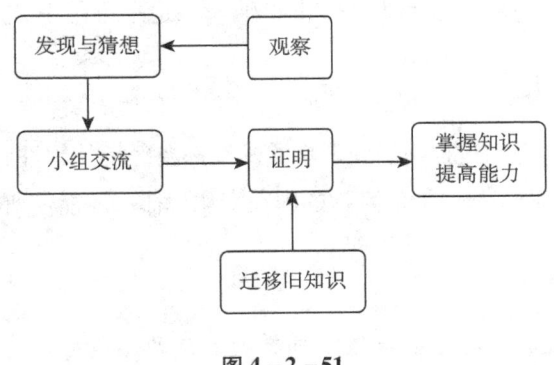

图 4 - 2 - 51

（六）发散和归纳

问题 4：

从前面问题 3 的探讨中得出：特殊四边形的中点四边形为矩形、菱形或正方形；反之，若中点四边形 $EFGH$ 分别为矩形、菱形和正方形，则四边形 $ABCD$ 是否一定分别为菱形、矩形（等腰梯形）、正方形？

结合刚才的证明过程，小组思考并讨论：

（1）中点四边形的形状是否与原四边形的什么有着密切的关系？

（2）要使中点四边形是菱形，原四边形一定是矩形吗？

（3）要使中点四边形是矩形，原四边形一定是菱形吗？

学生小组探究后把结果填到下面空格中（课件屏幕展示）：

（1）中点四边形的形状与原四边形的_____有密切关系。

（2）只要原四边形的两条对角线_____，就能使中点四边形是菱形。

（3）只要原四边形的两条对角线_____，就能使中点四边形是矩形。

（4）要使中点四边形是正方形，原四边形要符合的条件是_____。

活动要求：群体参与、合作交流。（具体要求与问题3的一样）

教师指导：引导学生在小组内大胆充分交流。有些问题学生会产生比较激烈的争执，对有争执的问题，可引导学生通过画图、举出反例来说明。

设计意图：这节课到了这里算是进入了高潮阶段，学生对影响中点四边形形状的因素已经有了本质上的认识，教师只是作一个小结与点评，培养学生的逆向思维与发散思维，提高学生研究数学的兴趣和创新意识，提升学生从一般到特殊再到一般的研究问题的方法和概括能力。

（七）简单应用

请你设计一个中点四边形为正方形，但原四边形不是正方形的四边形。

（八）小结

（1）总结中点四边形的形状与原四边形的对角线有关。

（2）通过命题探索过程认识到事物的发展都要经历从感性到理性、从特殊到一般再到特殊的过程，只要弄清事物的内在变化规律，就能使所学知识拓展延伸。

【教学反思】

实施数学探究性学习是数学教学和学习方式改革的必由之路。学生探究性学习活动能否顺利实施，关键在于教师能否创设适宜的教学情境和进行合理的引导。在新课程实施过程中，教师要运用一切可能的手段，不断优化教学设计，激发学生的学习兴趣，创设有效的探究时间和空间，形成良好的探究风气，让每个学生都有主动探究的机会和欲望，从而真正实现"不同的人在数学上得到不同的发展"。

九年级上册第四章《黄金分割》教学案例

江西省九江第一中学　石芳芳

【教材分析】

"黄金分割"是北师大版数学九年级上册第四章第四节的内容。黄金分割不仅巩固了学生对线段的比、成比例线段和相似三角形的理解，更体现了数学的文化价值，以及黄金分割是数学与建筑学和艺术等一系列学科的纽带，使学生认识、感悟数学之美，体会到生活中数学无处不在，意识到数学不是孤立的、干巴巴的，而是文化的一部分，能够促进文化的发展。本节课设置了丰富的问题情境，展现了知识的发生、发展过程，从而让学生感悟数学的魅力，体会神奇的数字 0.618。

【学情分析】

九年级学生已经积累了较为丰富的数学活动经验，空间观念逐步增强，几何直观与推理能力都得到了一定的培养，本节是在前面三课时探索三角形相似的条件后，通过艺术和建筑上的实例介绍黄金分割，同时进一步巩固学生对线段的比、成比例线段及相似三角形的理解。

【教学目标】

1. 知道黄金分割、黄金比的定义，会找一条线段的黄金分割点；会判断某一点是否为一条线段的黄金分割点，知道一条线段有两个黄金分割点。

2. 会找一条线段的黄金分割点，并通过找一条线段的黄金分割点，培养学生的理解与动手能力。

3. 理解黄金分割的现实意义，并能动手找到和制作黄金分割点和图形，让学生认识到数学与人类生活的密切联系。

【教学重难点】

1. 重点：了解黄金分割的意义并能运用。
2. 难点：在线段上找出黄金分割点和作黄金矩形。

【教学方法】

问题驱动，合作探究。

【学习过程】

（一）创设情境发现美

图 4 – 2 – 52 各组图片中，哪一张相对更美？

同一建筑物两种设计方法，哪一种更具有美感？　　芭蕾舞演员做相同的动作，踮脚尖和不踮脚，哪个更美？

同样的鸟和植物，哪副图最有美感？

脸形相同，五官基本相同的三张脸，哪个更美？

图 4 – 2 – 52

师：相对更美的图片美在何处？怎样用数学知识解释这种美？

生：很和谐，看得舒服……

师：没错，因为和谐所以美，事物之间的和谐关系可以表现为某种恰当的比例关系。

（二）动手操作探索美

任务一：

（1）测量（图 4 – 2 – 53）并填写表 4 – 2 – 3（结果精确到 0.1）：

  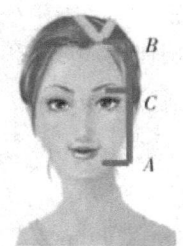

图 4 - 2 - 53

表 4 - 2 - 3

事物/人物	BC/cm	AC/cm	AB/cm	$\dfrac{AC}{AB}$	$\dfrac{BC}{AC}$
建筑图片					
芭蕾演员					
人物头像					

（2）黄金分割的意义：如图 4 - 2 - 54 所示，点 C 把线段 AB 分成两条线段 AC 和 BC，如果 $\dfrac{AC}{AB} = \dfrac{BC}{AC}$，那么称线段 AB 被点 C 黄金分割，其中点 C 叫作线段 AB 的黄金分割点，AC 与 AB 的比叫做黄金比。

$$A \qquad C \qquad B$$

4 - 2 - 54

（3）一条线段有几个黄金分割点？答：2 个。（探究为什么是 2 个）

任务二：计算黄金比

解：由 $\dfrac{AC}{AB} = \dfrac{BC}{AC}$ 得 $AC^2 = AB \cdot BC$

设 $AB = 1$，$AC = x$，则 $BC = 1 - x$

$\therefore x^2 = 1 \cdot (1 - x)$ $\therefore x^2 + x^{-1} = 0$

解这个方程，得 $x = \dfrac{-1 \pm \sqrt{1 + 4}}{2} = \dfrac{-1 \pm \sqrt{5}}{2}$（负数不合题意应舍去）

所以，黄金比 $\dfrac{AC}{AB} = \dfrac{\sqrt{5} - 1}{2} \approx 0.618$。

任务三：作一条已知线段的黄金分割点（画出图形，写出作法）

1. 尺规作出线段 AB 的黄金分割点

（1）画一条线段 AB，延长线段 AB 至 F，使 $AB = BF$。

（2）分别以 A、F 为圆心，以大于线段 AB 的长为半径作弧，两弧相交于点 G，连接 BG，则 $BG \perp AB$。

（3）用尺规作 AB 的中点 O，在 BG 上取 D 点，使 $BD = x = \dfrac{1}{2}AB$。

（4）连接 AD，在 AD 上截取 $DE = DB$。

（5）在 AB 上截取点 C 使 $AC = AE$。

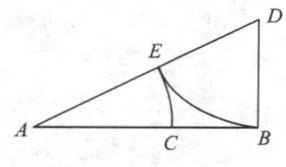

图 4 - 2 - 55

提出问题：

（1）点 C 是 AB 的黄金分割点吗？为什么？

（2）请作出线段 AB 的另一黄金分割点。

（3）请作出一个黄金三角形（其底与腰的长度比为黄金比的等腰三角形）。

若点 C 为线段 AB 的黄金分割点，则点 C 分线段 AB 所成的两条线段 AC，BC 须满足 $\dfrac{AC}{AB} = \dfrac{BC}{AC}$。下面请大家验证黄金比大致是多少。自己有困难时可以互相交流。为了计算方便，可设 $AB = 1$。

证明：$\because AB = 1$，$AC = x$，$BD = \dfrac{1}{2}AB = \dfrac{1}{2}$，$\therefore AD = x + \dfrac{1}{2}$

在 Rt$\triangle ABD$ 中，由勾股定理得 $(x + \dfrac{1}{2})^2 = 1^2 + (\dfrac{1}{2})^2$

$\therefore x^2 + x + \dfrac{1}{4} = 1 + \dfrac{1}{4}$，$\therefore x^2 = 1 - x$，$\therefore x^2 = 1 \cdot (1 - x)$

$\therefore AC^2 = AB \cdot BC$，即 $\dfrac{AC}{AB} = \dfrac{BC}{AC}$

$\therefore C$ 是线段 AB 的一个黄金分割点

在 $x^2 = 1 - x$ 中，整理得 $x^2 + x - 1 = 0$，$\therefore x = \dfrac{-1 \pm \sqrt{1+4}}{2} = \dfrac{-1 \pm \sqrt{5}}{2}$

$\because AC$ 为线段长，只能取正

$\therefore AC = \dfrac{\sqrt{5}-1}{2} \approx 0.618$，$\therefore \dfrac{AC}{AB} \approx 0.618$

$\therefore$ 黄金比约为 0.618。

2. 用纸折出黄金分割点

请准备好 A4 白纸，按如下流程作图（图 4 - 2 - 56）：

（1）裁一正方形纸片 $ABCD$。

（2）折出 BC 的中点 E，再折出线段 AE。

（3）通过折叠使 EB 落在线段 EA 上，折出点 B 的新位置 F，因而 $EF = EB$。

（4）类似地，在 AB 上折出点 M，使 $AM = AF$。

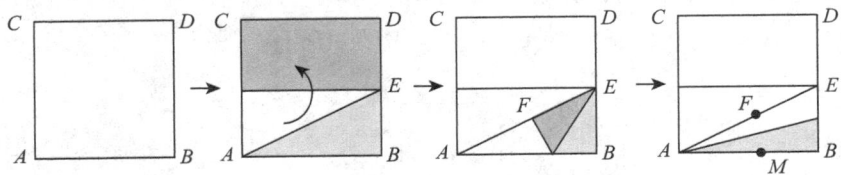

图 4 - 2 - 56

提出问题：

M 是 AB 的黄金分割点吗？若是，请证明；若不是，请说明理由。

任务四：探究黄金矩形

内容： 图 4 - 2 - 57（a）为古希腊时的巴台农神庙，将图中的虚线表示的矩形画成图 4 - 2 - 57 中的矩形 $ABCD$，以矩形 $ABCD$ 的宽为边在其内部作正方形 $AEFD$，那么，我们可以惊奇地发现 $\dfrac{BC}{BE} = \dfrac{AB}{BC}$。

 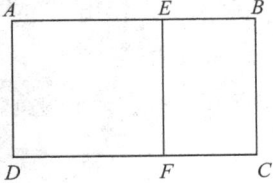

图 4 - 2 - 57

提出问题：点 E 是 AB 的黄金分割点吗？矩形 $ABCD$ 的宽与长的比是黄金比吗？观察、思考、交流、讨论，解决问题。

问题解决：因为四边形 $AEFD$ 是正方形，所以 $AD=BC=AE$，又因为 $\dfrac{BC}{BE}=\dfrac{AB}{BC}$，所以 $\dfrac{AE}{BE}=\dfrac{AB}{AE}$，即 $\dfrac{AE}{AB}=\dfrac{BE}{AE}$，因此点 E 是 AB 的黄金分割点，矩形 $ABCD$ 的宽与长的比是黄金比。

在上面这个矩形中，宽与长的比是黄金比，这个矩形叫作黄金矩形。

实践操作：

请按如下流程作图（图 4 - 2 - 58）：

（1）以长为 2 的线段 AB 为边作正方形 $ABCD$。

（2）取 AB 的中点 P，连接 PD。

（3）在 BA 的延长线上取点 F，使 $PF=PD$。

（4）以 AF 为边作正方形 $AMEF$，点 M 在 AD 上。

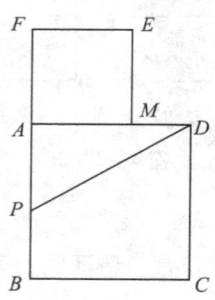

图 4 - 2 - 58

提出问题：

（1）求 AM，DM 的长。

（2）点 M 是 AD 的黄金分割点吗？为什么？

（3）你能在此基础上作出一个黄金矩形吗？

（三）学以致用应用美

例 1：已知点 C 是线段 AB 的黄金分割点，且 $AC>BC$，则下列等式成立的是（   ）。

A. $AB^2=AC \cdot CB$ B. $CB^2=AC \cdot AB$

C. $AC^2=CB \cdot AB$ D. $AC^2=2AB \cdot BC$

例2：主持人主持节目时（图4-2-59）并没有站在舞台的正中央，而是站在靠边一点，显得更加自然得体，声音更动听。这是什么原因呢？若舞台 AB 长为10m，试估算主持人应走到离 A 点至少多少米处？她向 B 点再走多少米也处在比较得体的位置？（精确到0.1m）

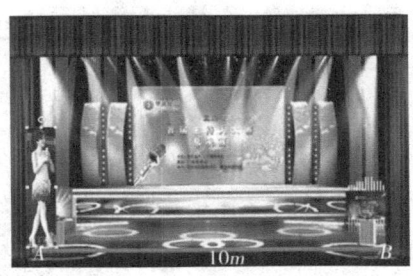

图 4 - 2 - 59

（四）欣赏拓展感悟美

欣赏PPT，如图4-2-60所示。

摄像中的黄金分割

风景极佳，但拍出来以后，却发现没有抓住主题，效果很不理想……为了避免出现这种情况，只需记住一个简单易用的法则，这就是被称为"三等分法"或"黄金分割法"的画面结构法，这就是我国古人所说的九宫格。九宫格的4条线交汇的4个点是人们的视觉最敏感的地方，在国外的摄影理论里把这4个点称为"趣味中心"。如下图所示，将画面分成三等分，假设在这些位置上有水平线和竖线，然后将作为主题的对象置于横竖线的交叉点。特意将摄影对象从画面的正中移开一些，就能够得到平衡的构图。

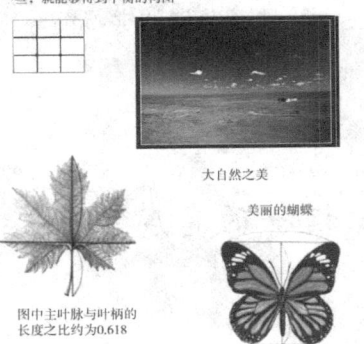

大自然之美

美丽的蝴蝶

图中主叶脉与叶柄的长度之比约为0.618

上海东方明珠电视塔高468m，塔身离地289m处设计一个球体使得原本平直单调的塔身变得丰富多彩，非常协调、美观

断臂的维纳斯

世界艺术珍品——断臂的维纳斯是公元前100多年希腊雕塑鼎盛时期的代表作。雕塑断臂女神维纳斯的体型完全与黄金比相符，这样的身体给人的感觉就是非常匀称，充满着美感

图 4 - 2 - 60

（五）课堂检测思考美

1. 在中华经典美文阅读中，小明同学发现自己的一本书的宽与长之比为黄金比。已知这本书的长为20cm，则它的宽约为（   ）。

A. 12.36cm   B. 13.6cm   C. 32.36cm   D. 7.64cm

2. 美是一种感觉，当人体下半身长与身高的比值越接近 0.618 时，越能给人一种直观的美感。乐乐的妈妈身高 165cm，下半身长 x 与身高 l 的比值是 0.60，为尽可能达到好的效果，她穿的高跟鞋的高度大约为_____cm（精确到 1cm）。

（六）课堂小结收获美

你学到了什么？你有哪些震撼？你对什么领域更感兴趣？请你与大家分享！

【教学反思】

本课时最初设计为从国旗中引出五角星，并引导学生操作测量不同五角星中线段的长度，根据相关线段长度之比引出黄金分割，给出黄金分割的相关概念，然后用几何画板验证五角星中的相关线段之比是定值，从而准确验证五角星中的黄金分割，再从五角星中找出黄金三角，分别从计算和相似三角形的性质的角度得出该三角形是黄金三角形。后来终因个人感觉难度过大，上课时难以把握时间及重难点的突破等，最终放弃改为用简单的图片引入，比较新颖，激发了学生兴趣。

欣赏环节分为自然界中的黄金分割，以及黄金分割与建筑、黄金分割与摄影、黄金分割与艺术等各方面，让学生体会黄金分割在生活中的应用，紧扣课标，效果较好。

本节课的六个环节紧扣"美"这个主题，让整节课的学习都是感受数学之美，凸显了这节课的实际意义。

九年级上册第四章《测量旗杆的高度》教学案例

九江市同文中学　钟敏

【内容和内容分析】

课题学习"测量旗杆（物体）的高度"在北师大版教材中出现了两次：第一次出现在九年级上册第四章《图形的相似》第 6 节《利用相似三角形测高》中；第二次出现在九年级下册第一章《直角三角形的边角关系》第 6 节《利用

三角函数测高》中。同样一个问题在一套教材中出现两次，可见其地位之重要。而设置应用两种不同的数学原理解决同一实际问题则体现了数学知识学习的螺旋式上升模式，以及整个几何知识公理化体系的层层深入。

本节课物体的测高则是教材中的第一次出现，它是继"相似多边形""探索三角形相似的条件"之后的一节活动探究课。本节教材内容介绍了几种测量物体高度的方法，熟练掌握这些方案，并灵活应用到实践操作中，达到学以致用的效果成为本次课题活动的核心内容。

【目标和目标分析】

1. 通过测量旗杆的高度，综合运用三角形相似的判定定理和相似三角形的定义解决问题，发展学生的应用意识，加深学生对相似三角形的理解和认识。

2. 教学中渗透数学建模思想，使学生进一步积累数学建模的经验。

3. 在分组合作活动以及全班交流的过程中，使学生进一步积累数学活动的经验，实现学生之间的交流协作，让学生体验成功的愉悦，激发学生学习数学的兴趣，体现数学知识解决实际问题的价值。

【学情分析】

1. 认知基础：通过前几节课的学习，学生已基本掌握了判断两个三角形相似的方法，并且会利用三角形相似关系进行计算，认识到相似三角形是研究几何计算问题的重要手段。这些为本节课的学习提供了充分的知识基础。

2. 活动经验基础：本节课根据"理论—实践—理论"的指导思想，利用相似三角形的性质求某物体（旗杆、百年樟树）的高度。学生在活动中所需要的工具与活动中所要测量的数据都是根据问题的实际情况决定的。在具体的活动中，测量长度的过程学生还是比较熟悉的，而"如何调节标杆""如何调节镜子的位置，找出最佳反射点"等需要教师进行指导。

【教学重难点】

1. 教学重点：综合运用相似三角形的性质和判定解决实际问题。

2. 教学难点：解决在实际操作过程中遇到实际问题，并根据环境调整问题解决方案。在活动交流环节总结实验探究中误差产生的原因，从而积累实践操作经验。

【教学策略分析】

本节内容为数学活动课，理论与实践相结合，测量某些不能直接度量的物体的高度。结合前期实践经验，制订以下教学策略：

1. 分组活动提前安排，做到优势互补。教师根据学生的认知水平和能力及个性化差异以"教师牵头＋自由组合"相结合的方式进行科学分组。学生根据各自的性格特征、数学能力进行组内分工，确保每个学生的全程参与和过程体验。

2. 分组合作自主探索，做到精准把控。课外实践操作无疑给学生带来了更多的应用体验，然而教学实施的收放自如、教学目标的精准把控则更需要教师的拿捏有度。任务呈现时，学生需要在教师的引导下做好基本数学知识的掌握学习，具备基本的操作经验；任务实施时，教师要全程参与、细心观察，做好过程记录，并给予一定的操作指导；任务总结时，教师要善于融合各组"智慧亮点""瓶颈障碍"，进行有梯度、重点化的展示交流，激发师生的思维碰撞，实现数学活动探索的深度学习。

3. 重视不同学习需求，做好过程评价。教师要关注学生参与观察、分析、画图、探究等数学活动的主动程度，以及对有关问题的好奇心和求知欲。鼓励学生用适当的语言表达和交流自己的学习体验、学习结果；关注学生识别规律、适当分析的同时，也要关注学生的操作技能熟练程度、合作交流意识及实际处理问题的能力。

【课时安排】

为了更好地体现学生个性化的学习特征，实现学生之间的合作与交流，我将本节内容分四个课时完成。

1. 学习探究，确定方案（课内活动1课时）

学生以阅读教材的方式认识和理解活动目的与测量的内容和方法，对活动实施的步骤做到心中有数。

2. 布置任务，小组实践（课外活动1课时）

测量校园内旗杆或百年樟树的高度，分组按计划进行，教师观察并对有需求的小组进行指导。

3. 成果展示，总结交流（课内活动 2 课时）

各小组对收集的数据进行计算，并整理成活动报告，以 PPT 的形式课内展示交流，比较各组得到的数据结果及分析总结各种方法的优缺点。

活动报告内容包括以下内容：

（1）名称、时间、地点、人物。

（2）小组分工（测量员、记录员、数据分析员、PPT 制作员、汇报演示员等）。

（3）工具（生活工具、自制工具、计算机软件等）。

（4）方案设计（文字说明、几何模型等）。

（5）活动实践过程记录（图片、视频等）。

（6）数据处理分析。

（7）活动反思或感悟。

【教学过程】

下面是第 3、4 课时的教学过程。该过程由五个教学环节组成。

第一环节：情境引入

师：通过图片简单描述测量对象——学校旗杆和百年樟树周围环境的特点。

设计意图：一方面说明学生具备动手操作和展示交流的能力；另一方面介绍测量对象所具有的特殊环境特点为后续测量工作做铺垫。

第二环节：建模实践（按课本上介绍的三种方案分类展示交流）

方案 1. 利用阳光下的影子测量物高

师：如图 4 - 2 - 61 所示，请同学简述方案 1 的设计原理和几何建模过程，并说说在测量过程中需测量哪些数据。

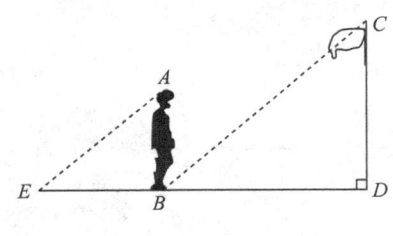

图 4 - 2 - 61

生：学生叙述。

$\because$ 太阳的光线是平行的，$\therefore AE /\!/ CB$，$\therefore \angle AEB = \angle CBD$

∵ 人与旗杆是垂直于地面的，∴ $\angle ABE = \angle CDB$

∴ $\triangle ABE \backsim \triangle CDB$，∴ $\dfrac{AB}{CD} = \dfrac{BE}{BD}$，即 $CD = \dfrac{AB \cdot BD}{BE}$

因此，只要测量出人的影长 BE，旗杆的影长 DB，再知道人的身高 AB，就可以求出旗杆 CD 的高度了。

学生展示方案 1 的活动报告。

障碍预设：

（1）如图 4 - 2 - 62 所示，校园内旗杆底座下的台阶如何处理？

图 4 - 2 - 62

（2）人站在 B 点的目的是什么？是否一定要站在 B 点？

在学生展示结束后，教师鼓励学生对该组同学的实际操作方案提出自己的见解（包括优点和需要改进的地方），同时要求方案的实施者做自我反思。

生：第一，根据实际环境，把旗杆和底部台阶作为一个整体进行方案设计，如图 4 - 2 - 63 所示，测量水平方向（包括台阶和地上）的所有影长和作为 BD 长带入计算，算出 CD 后减去底部台阶的高度即为旗杆的实际高度。

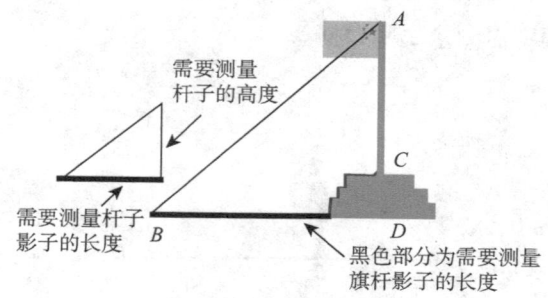

图 4 - 2 - 63

第二，如图 4 - 2 - 64 所示，用球门门框替代方案 1 中的人，进行相关操作且门框的底部并没有落在旗杆影子的顶端。

图 4 – 2 – 64

第三，积累实践操作经验：为了更清晰测量影长应该选择早晨。

教师对活动报告进行评价并解决障碍预设中的问题。

方案 2. 利用标杆测量物高

师：如图 4 – 2 – 65 所示，请同学们简述方案 2 的设计原理和几何建模过程，运用该方法必须满足什么条件？

学生叙述。

利用光线或视线沿直线传播的原理，借助标杆构造相似三角形进行计算。

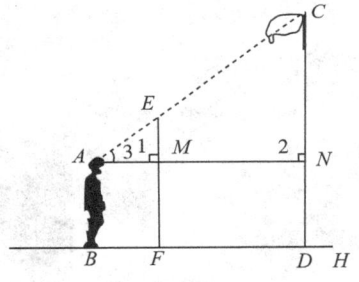

图 4 – 2 – 65

如图所示，过点 A 作 $AN \perp DC$ 于 N，交 EF 于 M。

∵ 人、标杆和旗杆都垂直于地面，∴ $\angle ABF = \angle EFD = \angle CDH = 90°$

∴ 人、标杆和旗杆是互相平行的

∵ $EF /\!/ CN$，∴ $\angle 1 = \angle 2$

∵ $\angle 3 = \angle 3$，$\triangle AME \backsim \triangle ANC$，∴ $\dfrac{AM}{AN} = \dfrac{EM}{CN}$

∵ 人与标杆的距离、人与旗杆的距离，标杆与人的身高的差 EM 都已测量出，能求出 CN

∵ $\angle ABF = \angle CDF = \angle AND = 90°$

∴ 四边形 ABND 为矩形，∴ $DN = AB$，∴ 能求出旗杆 CD 的长度。

障碍预设：

此方案难点在于须分割转化得到相似三角形，然后根据需要，测量长度，计算得到物高。它的分割方法不只这一种可能，如图 4 - 2 - 66 所示。

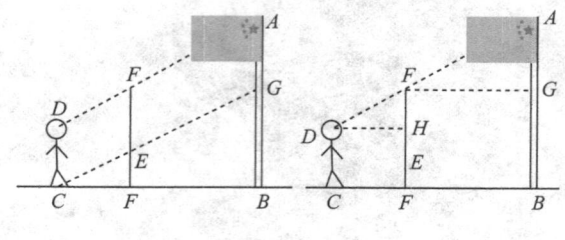

图 4 - 2 - 66

设计意图：学生从中感受到相似三角形的构造方法，同时复习应用了相似三角形的判定方法。

学生展示方案 2 的活动报告（测量学校百年樟树），如图 4 - 2 - 67 所示。

图 4 - 2 - 67

障碍预设：

（1）标杆的高度是否适当？

（2）此方案对测量的技巧要求较高，学生能否很好掌握？

（3）需要处理的数据较多，学生能否正确处理？

在学生展示结束后，教师提问测量树的高度和测量旗杆的高度有什么不同，并鼓励学生对该组同学的实际操作方案提出自己的见解（包括优点和需要改进的地方），同时质疑两次测量结果为何相去甚远。

生：第一，树冠较大；第二，选择人做标杆不合适。

教师对活动报告进行评价，虽然学生由于工具的限制用人替代标杆，但教师及时抓住这点，让学生明晰此种方法的缺点。并做方法总结：观测者的眼睛必须与标杆的顶端和旗杆的顶端"三点共线"，如图 4 - 2 - 68 所示，标杆与地面要垂直。

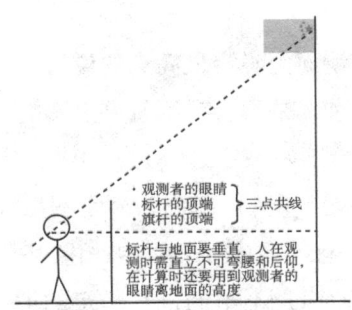

图 4 - 2 - 68

方案 3. 利用镜子的反射测量物高

师：如图 4 - 2 - 69 所示，请同学们简述
方案 3 利用镜子的反射测量物高的设计原理
和几何建模过程。

学生叙述。

利用光的反射原理：入射角等于反射角，
构造相似三角形，从而计算求解。

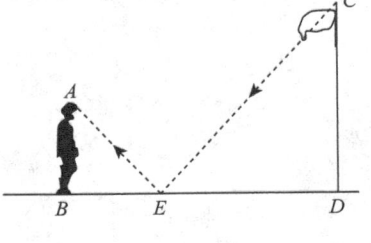

图 4 - 2 - 69

∵ 入射角 = 反射角，∴ $\angle AEB = \angle CED$

∵ 人、旗杆都垂直于地面

∴ $\angle B = \angle D = 90°$，∴ $\dfrac{AB}{CD} = \dfrac{BE}{DE}$

因此，测量出人与镜子的距离 BE、旗杆与镜子的距离 DE，再知道人的身
高 AB，就可以求出旗杆 CD 的高度。

学生展示方案 3 的活动报告（测量学校百年樟树），如图 4 - 2 - 70 所示。

单位：m

同学身高 (h_1)	同学距镜子的长度 (L_1)	大树与镜子的距离 (L_2)
1.6	0.48	4.8
1.5	0.27	5.0

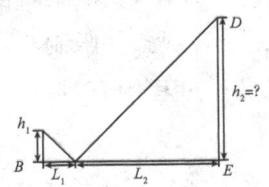

图 4 - 2 - 70

障碍预设：

（1）树冠较大如何在镜面内确定最高点的位置？

（2）周围环境较为复杂，是否会对测量产生影响？

生：第一，树冠较大，不好确定最高点；第二，镜面没有水平放置，多次测量求平均值；第三，不是测量人的身高，而是测量人眼到地面的距离。

师：同样的方法，两次测量数据计算结果相差甚远，是什么原因造成的呢？细心的同学发现树周围的地面是不平的，有一定的坡度，从而无法构成相似图形，为老师的教学设计开了个好头。如图 4 - 2 - 71 所示，利用几何画板简述镜面没有水平放置会造成误差的原因。同时我也认为树冠较大，无法确定最高点，方案 3 不适合测量树的高度。

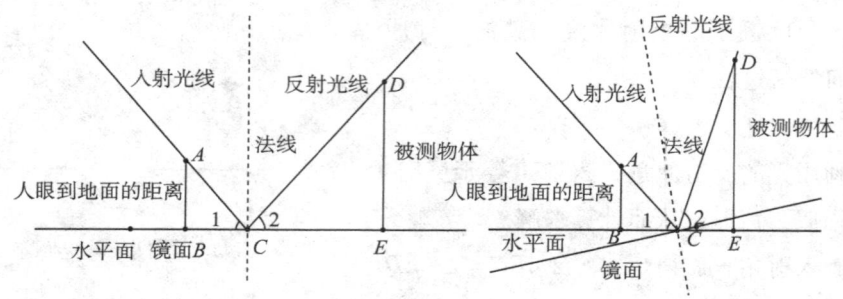

图 4 - 2 - 71

设计意图：本节课的主要任务是通过测量某些不能直接测量的物体的高度，培养学生学数学的兴趣和用数学的意识。因此首先要明确测量方法，通过小组交流，反思方案和操作中的不足。

第三环节：方案比较

师生探讨，比较前三种测量方法的优缺点。

生：方案 1，模型结构简单，易操作便于数据处理，不足表现为受客观条件限制（需要充沛的光线和清晰的影长）。方案 2，模型处理转为相似三角形稍显麻烦，数据处理计算有一定的难度，受客观条件限制小。方案 3，模型原理简单，有一定的学科横向联系，实践操作过程中有难度，产生的误差规避难度高。

设计意图：引导学生比较各种方案的优劣，形成优化意识。

第四环节：案例拓展

师：讨论交流其他的测量方法。

学生展示交流利用照片测量物高的活动报告。

障碍预设：此方案是否可行，照相时需注意什么？

师生：参照物（最好选人）必须站在旗杆下面照相，此时计算出照片上参照物与旗杆的比例等于实际生活中的比例。

举一反三：

一盗窃犯于夜深人静之时潜入某单位作案，该单位的自动摄像系统摄下了他作案的全过程。请你为警方设计一个方案，估计该盗窃犯的大致身高。

教师简单展示两种测量方案：

（1）如图 4 - 2 - 72 所示，拿一根知道长度的直棒，手臂伸直，不断调整自己的位置，使直棒刚好完全挡住旗杆，量出此时人到旗杆的距离、人手臂的长度和棒长，就可以利用三角形相似来对棋杆长度进行计算。

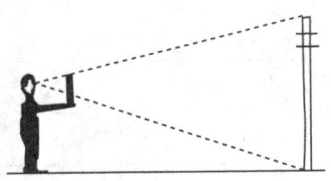

图 4 - 2 - 72

（2）通过测量角度，利用三角函数知识测量物体高度。

设计意图：通过本环节加强学生对知识的掌握，引导学生对后续学习的期待。注意将学生的思路引到利用相似三角形的有关知识上来。

第五环节：总结评价

（1）本节课你学到了哪些知识？

（2）在运用科学知识进行实践的过程中，你是否想到了最优的方法？

（3）在与同伴合作交流的过程中，你对自己的表现满意吗？

（4）你的同伴中你认为最值得你学习的是哪几个人？

设计意图：通过活动，使学生对利用相似三角形的知识进行测量有一定的认识，在以后的学习生活中注意加以应用并逐步树立数学建模意识，同时在评价自己与他人时学会关注他人。

【学生活动及评价】

学生活动及评价见表 4 – 2 – 4。

表 4 – 2 – 4

活动报告　　　　　　　　　　年　月　日

课题				
测量示意图				
测得数据	测量项目	第一次	第二次	平均值
计算过程				
活动感受				
负责人及参加人员				
计算者和复核者				
指导教师审核意见				
备注				

活动目的：体验合作，为后面的活动做好准备。

活动的注意事项：

（1）引导学生展示自己设计的方案，并帮助学生对方案进行完善。

（2）对学生活动给予过程性评价。

【教学反思】

相似图形现实生活中广泛存在，掌握和运用相似图形（特别是相似三角形）的性质解决实际问题，可以使学生进一步发展空间观念、几何直观、逻辑推理、数学分析及数学建模能力，可以提高学生的应用意识和合作交流能力。

本节课以课题学习"测量物体的高度"为教学内容，通过分组活动，交流研讨，在呈现数学结果的同时，使学生充分体验从实际背景中抽象出数学问题、构建数学模型，帮助学生在经历实践操作、数学计算、数学分析及问题解决的过程中，进一步积累数学思想方法（模型思想）和基本数学活动经验（优化意识、实操经验）。

课题设计目标具体，准备时间充分，可操作性强，鼓励学生通过观察与思考、度量与操作、计算与分析、协作与交流、归纳与总结，经历提出问题、发现问题、解决问题及问题应用的过程，在使学生牢固掌握知识点的同时，提升学生的综合数学素养。

通过教学让学生理解在解决同一个问题的过程中我们可以尝试不同的方法，这里面就可能出现不同的解决方式、不同的限制条件以及不同的难度，所以教学中要注意使学生从多角度理解问题，分析各种方法的优越性，最终顺利解决问题。

学生活动展示让我们惊喜地发现学生数学学习的无限可能。我们惊叹了学生解决问题的多样性思维，学生观察实际生活的耐心细致，学生处理实际问题的团结协作，学生分析问题的严谨态度等。我们深刻地意识到在数学的学习过程中，每个学生都应该并且能找到自己对应的位置，教师应满足学生个性发展的需要，使学生获得属于自己的成功。

九年级复习课
《共顶点双等腰三角形模型再探》教学案例

九江市同文中学　钟敏

【教学内容】

本节课是在学生已经学习了全等三角形、图形变换、等腰三角形等内容的基础上，进一步综合探究具有某种特殊位置的等腰三角形的相关内容，主要讨论基于全等三角形和旋转两部分内容的共顶点等腰三角形与全等的综合理解与运用。共顶点双等腰三角形模型，即等腰三角形的两条腰相等，如果两个等腰三角形共顶点且顶角相等，那么将两条腰分配到不同的两个三角形中会得到全等三角形，从而发现某些线段在数量和位置上有着特殊的关系。

【教学目标】

1. 能根据共顶点的等腰三角形找出全等三角形，特别是从共顶点的两个等腰三角的复杂图形中发现三角形全等的条件。

2. 能对等边三角形的性质和判定定理进行综合运用，特别是借助全等三角形的对应边、对应角和两个三角形面积求线段的等量关系，角的度数和证明两个三角形面积相等。

3. 结合全等三角形和等腰三角形的相关知识，在具体几何题目中，总结基本图形，归纳几何结题策略，特别是借助条件线索，构造共顶点双等腰三角形模型来解决相关问题。

【学情分析】

掌握模型学习的本质条件——两个顶角相等且顶点重合的等腰三角形，并由此找出全等的三角形对于大多数学生而言还是比较容易掌握的，重点在于由全等推导出来的相关条件的应用，需要学生在复杂图形中把握全等的结论，并建立与其他条件、结论之间的内在联系。随着问题探索与拓展的进一步深入，自主添加辅助线构造模型解决问题则显得更加有难度。学生由于添加辅助线的经验不足，对于任何需要添加的辅助线，如何添加，添加的理由是什么，如何描述辅助线仍然没有规律性了解。事实上，添加辅助线、描述辅助线本身就是一项探究性活动，是进行证明所采取的一种尝试，有可能成功，也有可能失败；对于变式训练，旋转前后哪些量变了，哪些量保持不变，这些都是学生存在困惑的地方。因此，对辅助线的添加和对于旋转问题明确变与不变的元素都是本节课的难点。

【教学过程】

（一）模型认识

从研究两个等腰直角三角形共直角顶点的情况入手，掌握基本结论。

如图 4-2-73 所示，给出两个共直角顶点 O 的等腰 Rt$\triangle AOB$ 和等腰 Rt$\triangle COD$，底边 AB 和 CD 特意用细线相连，意在凸显该图形的本质特征，即由 $OA = OB$ 和 $OC = OD$ 构成的一组"共顶点，等线段"结构，该结构为后面的模型方法奠定了基础。连接点 A 与点 C，连接点 B 与点 D，则构成了传统意义上的"手拉手全等模型"。

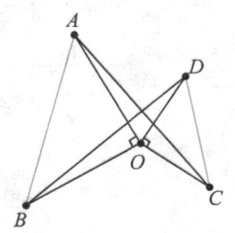

图 4-2-73

师：你能找到图形中全等的三角形、相等的线段、相等的角吗？还有没有其他结论？

师生活动：学生独立思考，发现问题，相互交流，小组间相互补充，派学生代表讲解思路，同学间相互补充；教师在此过程中关注学生能否从不同角度解决问题。

由此不难得出以下结论：

（1）形的角度：$\triangle AOC \cong \triangle BOD$。

由 $\angle AOB = \angle COD = 90°$，易得 $\angle AOC = \angle BOD$，结合 $OA = OB$，$OC = OD$，易证 $\triangle AOC \cong \triangle BOD$（SAS）。

（2）线的角度：$AC = BD$ 且 $AC \perp BD$。

设 AC，BD 交于 E，$\because \triangle AOC \cong \triangle BOD$，$\therefore AC = BD$，$\angle OAC = \angle OBD$，由图 4-2-74（a）中的"8 字形 $AOBE$"导角易证 $\angle AEB = \angle AOB = 90°$，即 $AC \perp BD$。同理，用图 4-2-74（b）中的"8 字形 $CODE$"导角亦可。

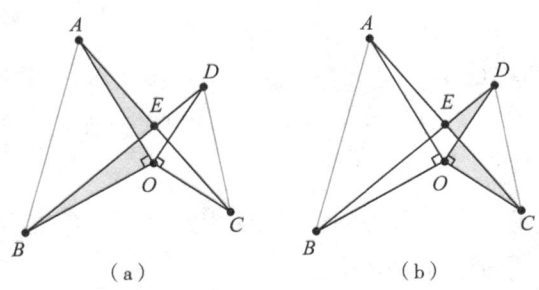

（a）　　　　　　　　　（b）

图 4-2-74

设计意图：特殊的等腰直角三角形入手，着重强调模型的基本特性，鼓励学生一起探索该模型的相关结论，由浅入深，从三角形全等到对应线段的数量和位置关系，亦可渗透相似模型。应该说，该模型具有一定的解法共性和拓展衍生性，对于培养学生的几何直观、逻辑推理、模型思想都有助力，十分具有研究探索价值。

师：请大家尝试从图形变换的角度来重新认识此图（图4-2-75）。

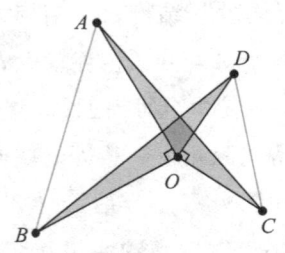

图4-2-75

（1）以静态视角看，△AOC 与△BOD 全等。

（2）以动态视角看，△BOD 可看成由△AOC 绕公共顶点 O 逆时针旋转 90°而来，这就是一开始所说的一组"共顶点，等线段"结构在起作用。正好为两个三角形的旋转提供了旋转三要素，即旋转中心、旋转方向和旋转角。

BD 由 AC 绕点 O 逆时针旋转 90°而来，旋转前与旋转后的直线必垂直。从这个意义上讲，则 AC 与 BD 垂直是显而易见的事情啊！

设计意图： 由全等图形的结论转化为图形变换的角度，无疑为学生的几何学习带来了动态感受，数学知识的横向联系改变了问题解决的单一角度，创新了数学问题的解决路径与方法，同时为后期学习做好了铺垫。

（二）模型应用

（2017·九江九年级下学期期末）图4-2-76（a）是共顶点双等腰三角形模型。已知 $AB = AC$，$AB' = AC'$，$\angle BAC = \angle B'AC'$。研究此图形可以发现一些有趣的结论。

（1）如图4-2-76（b）所示，连接 BB'，CC'，CC' 交 AB 于与 E，延长 CC' 交 BB' 于点 D，求证：$\angle BDC = \angle BAC$；

（2）如图4-2-76（c）所示，△ABC 与△ABC′均为等边三角形，点 C' 在△ABC 内，连接 BB'，CC'，BC'，设 $\angle BC'C = y$，$\angle B'BC' = z$，求 y 与 x 满足的关系式；

（3）如图4-2-76（d）所示，已知△ABC 是等腰直角三角形，$\angle BAC = 90°$ 且 $\angle ADB = 45°$，$BD = 4$，$CD = \sqrt{41}$，求 AD 的长。

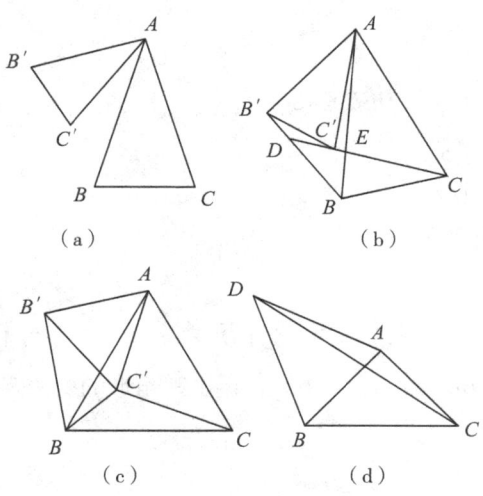

（a） （b）

（c） （d）

图 4 - 2 - 76

设计意图：明确的共顶点双等腰三角形模型背景，问题（1）（2）绕开全等三角形证明，直接提问图形中两个角之间的数量关系，确有些意外。冷静思考，主要还是考查全等后的结论应用，对于学生而言解题关键在于找到"8"字形相似模型。问题（3）则明显提高难度，在仅存一个等腰直角三角形的条件下，添加辅助线，还原共顶点双等腰模型成为学生解决的瓶颈。

解析：

（1）首先，共顶点双等腰模型的本质就是旋转式全等三角形；其次，这种模型中经常隐藏着一些"8"字形，这些"8"字形是推导相等角的重要模型。例如，共顶点双等腰模型中常用"8"字形证两线垂直，共顶点双等边模型中常用"8"字形证两线夹角为 $60°$，等等。所以请同学们务必重视图 4 - 2 - 77 中粗线所示的"8"字形，也是我们今后将常见的模型。

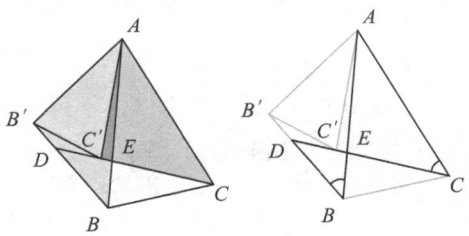

图 4 - 2 - 77

如图 4 - 2 - 76 所示，易知 $\triangle ABB' \cong \triangle ACC'$

∴ $\angle ABD = \angle ACE$

∵ $\angle BDC + \angle ABD + \angle DEB = 180°$

　 $\angle BAC + \angle ACE + \angle AEC = 180°$

又∵ $\angle DEB = \angle AEC$

∴ $\angle BDC = \angle BAC$

第（2）题方法一：

根据（1）的提示，延长 CC'，交 BB' 于点 E，构造图 4 - 2 - 78 粗线所示的 "8" 字形，易得 $\angle BEC = \angle BAC = 60°$。再由三角形的外角定理得 $y = x + 60°$。

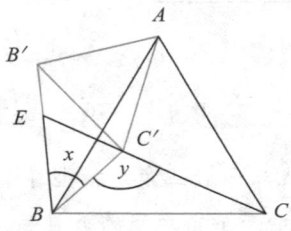

图 4 - 2 - 78

第（2）题方法二（图 4 - 2 - 79）：

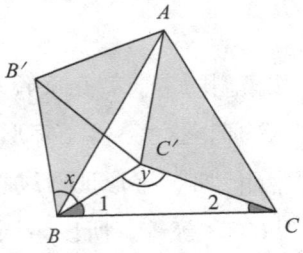

图 4 - 2 - 79

∵ $\angle 1 + \angle 2 = 180° - y$

又∵ $\angle ABC' + \angle 1 + \angle ACC' + \angle 2 = 60° + 60° = 120°$

∴ $\angle ABC' + \angle ACC' = 120° - (180° - y) = y - 60°$

∵ $\triangle ABB' \cong \triangle ACC'$

∴ $\angle ABB' = \angle ACC'$

∴ $\angle ABC' + \angle ABB' = y - 60°$

即 $x = y - 60°$

$\therefore y = x + 60°$

第（2）题方法三（图 $4-2-80$）：

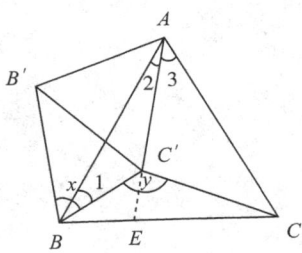

图 $4-2-80$

延长 AC'

$\because \angle 1 + \angle 2 = \angle BC'E$

$\angle 3 + \angle 4 = \angle CC'E$

$\therefore \angle 1 + \angle 4 + 60° = y$

又 $\because \angle 4 = \angle ABB'$

$\therefore \angle 1 + \angle ABB' + 60° = y$

$\therefore y = x + 60°$

设计意图：除了使用"8"字形相似模型找到两角关系以外，还可以利用三角形外角定理找寻数量关系，旨在鼓励学生多角度思考问题。

第（3）题方法一：

如图 $4-2-81$ 所示，作 $EA \perp AD$，交 DB 的延长线于 E，连接 CE（构造共等顶点双等腰直角模型）

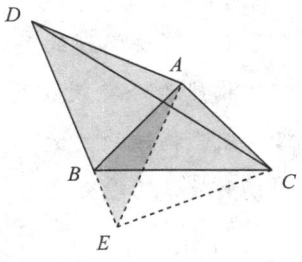

图 $4-2-81$

易知 $\triangle ADB \cong \triangle AEC$

$\therefore \angle ADB = \angle AEC = 45°$

又 $\because \angle DAE = 90°$

$\therefore \angle AED = 90° - 45° = 45°$

$\therefore \angle DEC = 45° + 45° = 90°$

$\because BD = EC = 4$，$CD = \sqrt{41}$

$\therefore$ 由勾股理得 $DE = 5$

$\therefore DA = 5 \div \sqrt{2} = \dfrac{5}{2}\sqrt{2}$

第（3）题方法二：

如图 4-2-82 所示，作 $D'A \perp DA$，且 $D'A = DA$（构造共顶点双等腰直角模型）

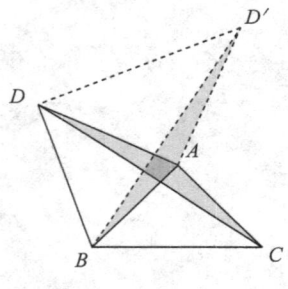

图 4-2-82

易知 $\triangle ADC \cong \triangle AD'B$

$\therefore CD = BD' = \sqrt{41}$

又 $\because \angle ADB = 45°$，$\angle ADD' = 45°$

$\therefore \angle BDD' = 90°$

设计意图：辅助线的构造无疑是解决问题的关键点，学生需要熟识模型结构，抓住不变要素，利用模型建构能力和发散性思维进行科学构造。该小题从顶点 A 入手，以线段 AD 为落脚点，构造缺失的那个等腰直角三角形，当图形直入眼帘时，学生定能感受到模型教学的魅力。

方法提炼：

（1）共顶点双等腰有两种特殊的模型，即共顶点双等边和共顶点双等腰直角（共顶点双正方形亦属此类）。这些模型都是由三角形旋转得到的，前者是旋转 60°，后者旋转 90°。

（2）有趣的是旋转模型中往往"寄生"了另一种数学小模型，即"8"字形，"8"字形是导角相等或导线垂直的重要方法，也是相似三角形的基本模型。

（三）模型变化

如图 4-2-83 所示，在原有共顶点双等腰直角三角形模型的基础上，连接点 A 与点 D，点 B 与点 C，则又构成了所谓"婆罗摩笈多模型"。由此，我们又可以推出哪些结论呢？

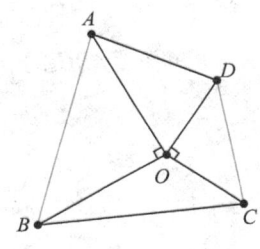

图 4-2-83

设计意图： 模型变式，仍然是共顶点双等腰，所不同的是等腰三角形的顶角不是相等，而是互补，也可以解释为左手牵右手，右手牵左手。新的模型分类，结论定会有新的变化，值得探讨。

师：显然，原模型中的全等不见了，新的 △AOD 与 △BOC（图 4-2-84）又会出现怎样的联系呢？

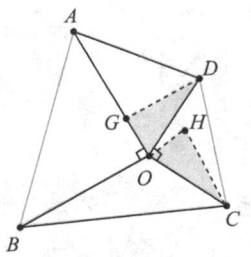

图 4-2-84

学生猜测面积相等。

师：能试着证明吗？不全等的三角形证明面积相等，从哪里入手？

生：线段 AO 与线段 BO 相等，把它们看作三角形的底，再证明底上的高相等即可。

师：那试着画一画，我们一起来推理一下。

共同分析：如图 4-2-84 所示，证明 $\triangle OGD \cong \triangle OHC$ 即可。

结论：$\triangle AOD$ 的面积 = $\triangle BOC$ 的面积。

师：其实在这个模型中还隐藏着其他结论，大家和我一起来看看下面这一题，能否得到灵感？

例：（2017·江西）我们定义：如图 4-2-85（a）所示，在 $\triangle ABC$ 中，把 AB 绕点 A 顺时针旋转 α（$0° < \alpha < 180°$）得到 AB'，把 AC 绕点 A 逆时针旋转 β 得到 AC'，连接 $B'C'$。当 $\alpha + \beta = 180°$ 时，我们称 $\triangle AB'C'$ 是 $\triangle ABC$ 的"旋补三角形"，$\triangle AB'C'$ 边 $B'C'$ 上的中线 AD 叫作 $\triangle ABC$ 的"旋补中线"，点 A 叫作"旋补中心"。

特例感知：

（1）在图 4-2-85（b）、图 4-2-85（c）中，$\triangle AB'C'$ 是 $\triangle ABC$ 的"旋补三角形"，AD 是 $\triangle ABC$ 的"旋补中线"。

①如图 4-2-85（b）所示，当 $\triangle ABC$ 为等边三角形时，AD 与 BC 的数量关系为 $AD = $ _____ BC。

②如图 4-2-85（c）所示，当 $\angle BAC = 90°$，$BC = 8$ 时，则 AD 长为 _____。

设计意图： 从特例出发，让学生经历发现结论、说明论证的过程，体会相关知识的运用。

猜想论证：

（2）在图 4-2-85（a）中，当 $\triangle ABC$ 为任意三角形时，猜想 AD 与 BC 的数量关系，并予以证明。

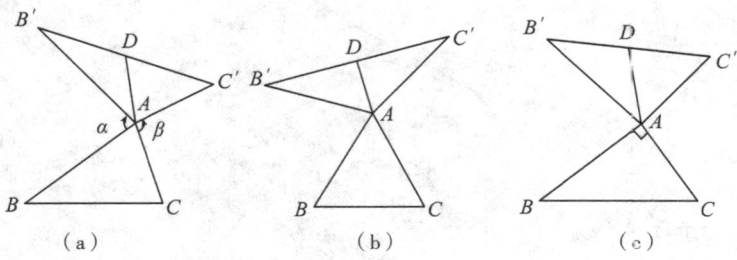

（a）　　　　　（b）　　　　　（c）

图 4-2-85

拓展应用：

（3）如图 4 - 2 - 86 所示，在四边形 $ABCD$ 中，$\angle C = 90°$，$\angle D = 150°$，$BC = 12$，$CD = 2\sqrt{3}$，$DA = 6$。在四边形内部是否存在点 P，使 $\triangle PDC$ 是 $\triangle PAB$ 的"旋补三角形"？若存在，给予证明，并求 $\triangle PAB$ 的"旋补中线"长；若不存在，说明理由。

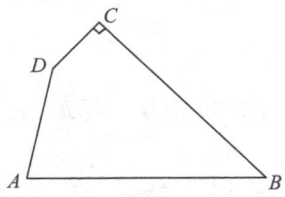

图 4 - 2 - 86

设计意图：新的模型给予新的习题应用，何况还是中考真题，特别能吸引学生的注意力。该题是江西省中考几何新定义压轴题，采用"特例感知""猜想论证""拓展应用"三步层层递进的方式，完美地呈现了几何模型构建的探索操作流程。

猜想论证解析：猜想 $AD = \dfrac{1}{2}BC$。

证法一：

证明：如图 4 - 2 - 87 所示，延长 AD 至 E，使 $DE = AD$

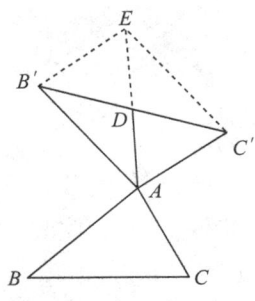

图 4 - 2 - 87

$\because$ AD 是 $\triangle ABC$ 的"旋补中线"

$\therefore$ $B'D = C'D$

$\therefore$ 四边形 $AB'EC'$ 是平行四边形

$\therefore EC' \parallel B'A$, $EC' = B'A$

$\therefore \angle AC'E + \angle B'AC' = 180°$

由定义可知 $\angle B'AC' + \angle BAC = 180°$，$B'A = BA$，$AC = AC'$

$\therefore \angle AC'E = \angle BAC$，$EC' = BA$

$\therefore \triangle AC'E \cong \triangle CAB$，$\therefore AE = BC$

$\therefore AD = \dfrac{1}{2}AE$，$\therefore AD = \dfrac{1}{2}BC$

证法二：

证明：如图 4 - 2 - 88 所示，延长 $B'A$ 至 F，使 $AF = B'A$，连接 $C'F$

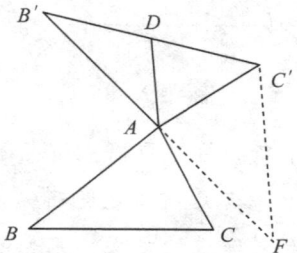

图 4 - 2 - 88

$\therefore \angle B'AC' + \angle C'AF = 180°$

由定义可知 $\angle B'AC' + \angle BAC = 180°$，$B'A = BA$，$AC = AC'$

$\therefore \angle CAB = \angle C'AF$，$AB = AF$

$\therefore \triangle ABC \cong \triangle AFC'$，$\therefore BC = FC'$

$\because B'D = C'D$，$B'A = AF$，$\therefore AD = \dfrac{1}{2}FC'$，$\therefore AD = \dfrac{1}{2}BC$

证法三：

证明：如图 4 - 2 - 89 所示，将 $\triangle AB'C'$ 绕点 A 顺时针旋转 $\angle C'AC$ 的度数，得到 $\triangle AEC$，此时 AC' 与 AC 重合，D 的对应点为 D'，连接 AD'

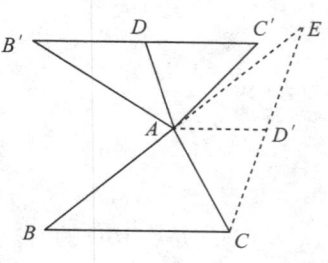

图 4 - 2 - 89

由定义可知 $\angle B'AC' + \angle BAC = 180°$

由旋转得 $\angle B'AC' = \angle EAC$

$\therefore \angle BAC + \angle EAC = 180°$

$\therefore E$，A，B 三点在同一直线上

$\because AB = AB' = AE$，$ED' = D'C$

$\therefore AD'$ 是 $\triangle EBC$ 的中位线

$\therefore AD' = \dfrac{1}{2}BC$，即 $AD = \dfrac{1}{2}BC$

设计意图：拓展问题的研究范围，将问题一般化，让学生经历由特殊到一般的探索问题的过程，体会研究问题的一般化方法和类比方法。该小题预备了三种解题方法，其中方法一、方法二涉及几何常见的"中点问题"，分别采用了"倍长中线法"和"构造中位线"法解决问题，而方法三则是通过旋转变换，动态地解决问题，让学生体会几何图形的多变，在其过程中体会变与不变的元素，抓住本质特征，从而形成解决问题的能力。

得出"婆罗摩笈多模型"的结论二：$BC = \dfrac{1}{2}AD$。

拓展应用（3）解析：

存在。

如图 4 - 2 - 90 所示，以 AD 为边向四边形 $ABCD$ 的内部作等边 $\triangle PAD$，连接 PB，PC，延长 BP 交 AD 于点 F，则有 $\angle ADP = \angle APD = 60°$，$PA = PD = AD = 6$

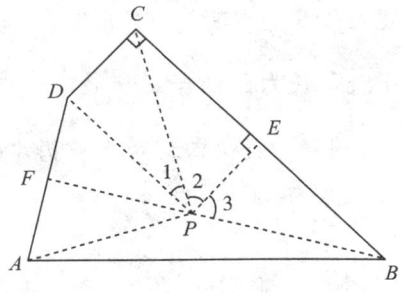

图 4 - 2 - 90

$\because \angle CDA = 150°$

$\therefore \angle CDP = 90°$

过点 P 作 $PE \perp BC$ 于点 E

易知四边形 $PDCE$ 为矩形

$\therefore CE = PD = 6$

$\therefore \tan\angle 1 = \dfrac{CD}{PD} = \dfrac{2\sqrt{3}}{6} = \dfrac{\sqrt{3}}{3}$

∴ $\angle 1 = 30°$，$\angle 2 = 60°$

∴ $BE = 12 - 6 = 6 = CE$

又 $PE \perp BC$

∴ $PC = PB$，$\angle 3 = \angle 2 = 60°$

∴ $\angle APD + \angle BPC = 60° + 120° = 180°$

又 $PA = PD$，$PB = PC$

∴ $\triangle PDC$ 是 $\triangle PAB$ 的"旋补三角形"

∵ $\angle 3 = 60°$，$\angle DPE = 90°$

∴ $\angle DPF = 30°$

∴ $BF \perp AD$，$AF = \dfrac{1}{2}AD = 3$，$PF = 3\sqrt{3}$

在 $\text{Rt}\triangle PBE$ 中

$PB = \sqrt{PE^2 + BE^2} = \sqrt{CD^2 + BE^2} = \sqrt{\left(2\sqrt{3}\right)^2 + 6^2} = 4\sqrt{3}$

∴ $BF = PB + PF = 7\sqrt{3}$

在 $\text{Rt}\triangle ABF$ 中，$AB = \sqrt{\left(7\sqrt{3}\right)^2 + 3^2} = 2\sqrt{39}$

由上证得：$\triangle PDC$ 是 $\triangle PAB$ 的"旋补三角形"

∴ $\triangle PAB$ 的"旋补中线"长为 $\dfrac{1}{2}AB = \sqrt{39}$

设计意图：拓展延伸类问题，再次回到对模型构建的考查上来，实现学生能力培养的升华。

【教学反思】

本节课的教学内容一直是中考的热点，几何模型的变化看似变幻莫测，实则有迹可循。结合学生所具备的逻辑思维和推理论证能力，本节课采用以启发、合作探究为主，以讨论和直观演示为辅的教学方法，有机融合各种教法，做到步步有序，环环相扣，不断引导学生动手、动口、动脑。几何的模型教学一直备受争议，有人担心过度强调模型教学会固化学生的数学思维。其实非也，教学中真正让学生参与、动手实践思考才是核心。模型的构建有利于学生透过现象看本质，积累数学模型构造的方法和经验，本节课对"模型认识""模型应用""模型变式"三个板块的设计，给学生以强大的视觉冲击和思维引导。为了处理好图形的变换、对应图形的识别等问题，利用几何画板进行了精心设计，这样做不仅在表现力上直观形象，而且唤起了学生的注意，增加了学生参与活动的机会。

现代数学教学观念要求学生从"学会"向"会学"转变。本节课我始终关注学生能否在教师的引导下积极主动地按所给的条件进行探索，能否在活动中大胆尝试并表达自己的想法从而发现结论，既关注学生对"双基"的理解和掌握，更关注学生的学习过程和在数学活动中表现出来的情感与态度、能力与经验，特别关注使学生更深刻地掌握相关知识与解决问题的不同方法策略。

九年级下册第一章
《折纸与特殊角的三角函数》教学案例

九江市同文中学　钟敏

【教学内容分析】

三角形中边角之间的关系是现实世界中应用广泛的关系之一。北师大版数学教材九年级下册第一章《直角三角形的边角关系》的学习对解决现实问题有着重要的作用。研究图形之中各个元素之间的关系（如边和角之间的关系），把这种关系用数量的形式表示出来，是分析问题和解决问题过程中常用的方法。借助折纸使学生探索特殊角的三角函数这一教学设计较好地创设了符合学生实际的问题情境，激发了学生动手操作的学习兴趣，使学生较快进入45°，22.5°，30°，15°角的三角函数值问题的探索。

【学生学情分析】

《折纸与特殊角的三角函数》是结合教材内容和中考试题研究设计的一节数学实验课，在原有特殊角30°，45°的基础上拓展了22.5°，15°角三角函数的探索。此时，学生已具备了特殊的平行四边形、图形变换（折叠）、直角三角形、等腰三角形、等边三角形、勾股定理等相关知识。本节课通过让学生经历动手折纸、剪纸、构造等实际操作活动，探索折纸中的数学；通过操作、探究、思考，发现特殊三角形的折纸方法、特殊三角形的三边比等。从而使学生在探索实践的基础上完成由特殊三角形组成的一类三角形的解直角三角形的应用类型题。学生已具备了学习本节课的认知基础和生活经验基础。

【教学目标】

1. 经历探索直角三角形中边角之间关系，以及 30°，45°，22.5°，15°角的三角函数值的过程，发展观察、分析、发现问题的能力。

2. 经历折纸、剪纸等实际操作活动过程，体验生活中的数学，在动手操作中丰富数学活动经验，提高动手能力。

【教学重难点】

1. 重点：能够在矩形纸片上折出本节中的四个特殊三角形，掌握四个特殊三角形的三边比。

2. 难点：含 30°角的直角三角形折叠方法及证明，含 15°角的直角三角形构造及三边关系探索。

【教学过程及策略】

（一）情境引入

利用实物、视频展示折纸作品，直奔主题——研究折纸中的数学问题，利用折纸探索学习特殊角的三角函数值。

设计意图： 由生活场景——折纸引入，感受数学来源于生活；折纸问题的数学化有利于规范探索，发现问题、解决问题、应用结论。

（二）动手实践：折 45°、22.5°角

（1）用准备好的矩形纸片，按照如图 4 – 2 – 91 所示的方法折叠。

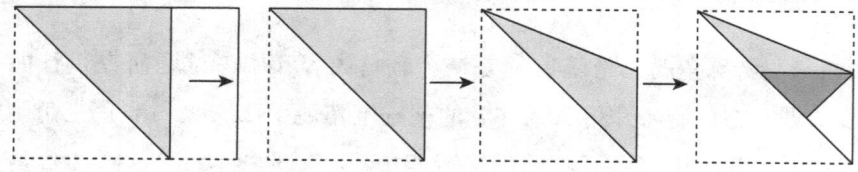

图 4 – 2 – 91

设计意图： 由观察到操作，由浅入深，执教者可根据教学需要组织学生进行组内折纸操作。该问题对于大部分学生而言，是可以轻松完成的，90°，45°，22.5°角之间的倍数关系显而易见，需要注意的是，为了更好地探究含特殊角的直角三角形的三边比，必须构建直角三角形。

（2）根据以上折叠画出图 4-2-92，其中 AC，AE，EF 为折叠的折痕。由以上操作可知四边形 $ABCD$ 是怎样的特殊四边形？试说出图中 $\triangle ACD$，$\triangle AEF$ 各内角的度数及 $\triangle ACD$ 三边之间的关系。

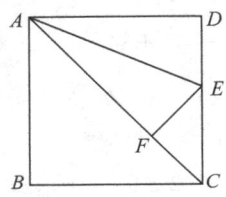

图 4-2-92

解答：四边形 $ABCD$ 是正方形。

图中 $\triangle ACD$ 各内角的度数分别为 45°，45°，90°，AD：CD：$AC = 1$：1：$\sqrt{2}$。

图中 $\triangle AEF$ 各内角的度数分别为 22.5°，67.5°，90°。

设计意图： 将折纸问题数学化，生活情境的几何抽象将方便数学问题的逻辑推演。从四边形、三角形问题的提出，巧妙地过渡到了数学问题，科学地引导学生结合矩形特点及折纸过程产生的数学条件开展几何推理，严密论证数学结论，同时抛出三边比例关系，为特殊角三角函数的学习铺设了条件，创设了探究情境。

（3）求出 $\angle DAC$ 的各三角函数值，并计算 $\tan\angle EAF$。

解答：$\sin DAC = \dfrac{CD}{AC} = \dfrac{1}{\sqrt{2}} = \dfrac{\sqrt{2}}{2}$，$\cos DAC = \dfrac{AD}{AC} = \dfrac{1}{\sqrt{2}} = \dfrac{\sqrt{2}}{2}$

$\tan DAC = \dfrac{CD}{AD} = \dfrac{1}{1} = 1$，$\tan EAF = \dfrac{EF}{AF} = \dfrac{1}{\sqrt{2}+1} = \sqrt{2} - 1$

设计意图： $\tan\angle EAF$ 的计算有些许难度，牢牢抓住折叠前后的三角形全等性质进行线段的等量转换，通过勾股定理计算线段长度，从而得出角的正切值。

（三）巩固提升：折 30°角

（1）用准备好的矩形纸片，按照如图 4-2-93 所示的方法折叠。

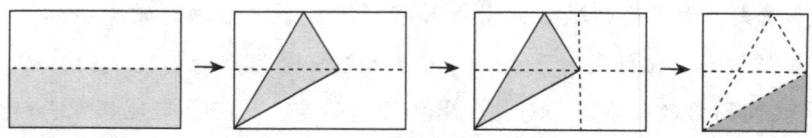

图 4 - 2 - 93

设计意图：设置梯度折纸活动，让学生重复经历探究过程，强化几何模型抽象意识。应该说，在矩形中折出含 $30°$ 角的直角三角形对学生操作是有障碍的，在消除困难、解决探索中的瓶颈过程中，执教者的引导十分重要。处理时，可以适时归纳含 $30°$ 角的相关定理（如在直角三角形中，若直角边是斜边的一半，则这条直角边所对的锐角为 $30°$），从而寻求线索和突破口。此环节突出了数学理论学习对实际操作的重要启示和帮助。

（2）根据以上折叠画出图 4 - 2 - 94，其中 EF，BG，IJ 为折叠的折痕。由以上操作可知 BH 与 HJ 有怎样的数量关系？试说出图中 $\triangle BHJ$ 各内角的度数及三边之间的关系。

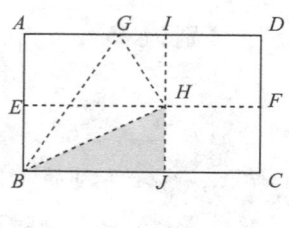

图 4 - 2 - 94

解答：$BH = 2HJ$。

图中 $\triangle BHJ$ 各内角的度数分别为 $30°$，$60°$，$90°$，$HJ : BJ : BH = 1 : \sqrt{3} : 2$。

设计意图：强化模型抽象意识，量化边角关系。

（3）求出 $\angle HBJ$ 的各三角函数值。

设计意图：规范特殊角 $30°$ 的三角函数值的计算推理，在第（2）问的基础上得到相应结果，难度不大。

（四）操作应用：折（画）15°角

请借助含 $30°$ 角的直角三角形，设计一个折（画）出 $15°$ 角的方案，并求出 $\tan\angle 15°$。

参考方案一： 如图 4 - 2 - 95 所示，$\triangle ABC$ 中，$\angle C = 90°$，$\angle BAC = 30°$，将

三角形沿 AD 折叠，使点 C 落在 AB 边的点 E 处，连接 DE，此时 $\angle DAC = 15°$。

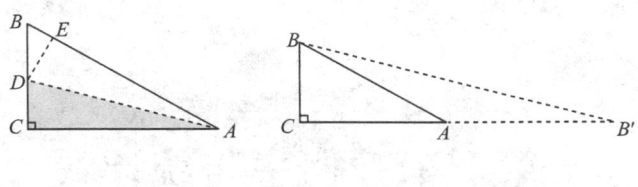

图 4 - 2 - 95

设计意图：折叠 $30°$ 角从而得到 $15°$ 角这样的操作更符合思维认知，计算 $\tan\angle 15°$ 时，需通过勾股定理列方程求解 CD 的长度，计算上稍稍有些难度。

参考方案二：如图 $4 - 2 - 95$ 所示，$\triangle ABC$ 中，$\angle C = 90°$，$\angle BAC = 30°$，使点 B 落在 CA 的延长线上的点 B' 处，使 $AB = AB'$ 连接 BB'，此时 $\angle B' = 15°$。

设计意图：利用外角定理构造含 $15°$ 角的等腰三角形 $\triangle BAB'$，这样的方法着实让人眼前一亮。在 $\text{Rt}\triangle BCB'$ 中，$\tan\angle 15° = \tan\angle B' = \dfrac{BC}{B'C} = \dfrac{1}{\sqrt{3}+2} = 2 - \sqrt{3}$。

【教学反思】

1. 这是一节充满趣味性和生动性的数学实验课，用到的操作工具也非常简单（几个矩形纸片），却带给我们充满趣味和想象的数学挑战；让学生主动参与到课堂探索中来，使学生通过动手实践、亲身体验，大胆猜想、严密验证，充分感知数学与生活的联系及数学思想的形成过程，实现"做中学"。

2. 这节课提高了学生的创新能力和直觉思维。设计操作数学实验的过程中，再现数学的发现与创造过程，能培养学生的创新精神，锻炼学生的创新能力。数学实验课能培养学生的直觉思维，在学习的过程中，往往会遇到条件与结论不衔接的时候，此时直觉在学生大胆猜想的时候会显得很重要。在一次一次猜想中学生会慢慢形成直觉，会让自己的猜想越来越有效，这个过程在不知不觉中培养了学生的直觉思维。

第三节　概率与统计

七年级下册第六章
《概率初步——感受可能性》教学案例

九江市第十一中学　杜丽　熊巧闵

【教材分析】

本章是概率论与数理统计的基础部分，这部分内容是初中阶段培养学生从统计的角度来观察世界的教学内容，能够让学生了解可能性是普遍的，有助于学生理解社会、适应社会。本课时作为本章的第一节内容，首先以游戏为背景，引出不确定事件与确定事件，让学生通过实验与分析，进一步对不确定事件发生的可能性有进一步认识，知道事件发生的可能性有大有小，激发学生的学习兴趣。这节课既是对小学关于可能性知识的回顾与加深，又为以后学习统计与概率的内容做好了知识铺垫和情感储备。

【学情分析】

七年级的学生已经具备一定的观察能力，能对生活中常见的现象发生的可能性进行一定的分析和判断，但其所掌握的知识缺乏系统性和规范性。小学阶段，学生已初步体验了有些事情的发生是确定的，有些事情的发生是不确定的，而且了解了随机现象结果发生的可能性是有大小的，同时积累了一定的研究随机现象的活动经验。这个学段的学生对新鲜事物特别敏感，且易于接受，因此教学过程中创设的问题情境应生动活泼，直观形象，且贴近生活。由于学生概括能力较弱，推理能力还有待发展，所以在教学时，可设计学生喜欢的课堂活动，帮助学生通过直观形象的感知来理解抽象逻辑关系，这是完成本节教学的关键，因此要注意调动和保护学生的积极性。

【教学目标】

1. 知识目标：理解随机事件的概念，能区分确定事件和随机事件，并感受随机事件发生的可能性有大有小。

2. 能力目标：在经历判断与实验的过程中初步体验事情的发生有些是确定的，有些则是不确定的，从事件发生的确定性和不确定性中，学会用必然与偶然的观点认识和理解世界，逐步形成科学地认识世界的方法论；在教师的指导下自主地发现问题、探究问题，获得结论，感受数学和实际生活的联系，进一步发展合作交流的能力和数学表达能力。

3. 情感要求：认识数学和实际生活的联系，增强数学应用意识，初步培养以科学数据为依据分析问题、解决问题的良好习惯。

【教学过程】

（一）课堂引入

上课之前先分组，并确定组名。分发小卡片让每个学生把自己的姓名写在卡片上，折叠好后放在老师准备好的小盒子里。

问题设计：

（1）老师收集大家的名字用来做什么呢？和本节课会有什么联系呢？

（2）今天大家上学有没有带伞？（根据学生回答进一步询问为什么带伞，为什么不带伞）

设计意图：设置悬念，激发学生学习兴趣，使学生尽快投入学习。

（二）抽牌

在 13 张红桃牌中，能抽到红色牌吗？为什么？

问题设计：

（1）太阳从东方升起。

（2）如果今天是星期四，那么明天是星期五。

结论：这些事情我们事先肯定它一定会发生，这样的事件称为必然事件。

（三）掷骰子

将一枚 6 个面上分布着从 1 到 6 不同点数的骰子掷出一次后，得到掷出的点数是 10 点，一定能做到吗？

问题设计：

（1）太阳从西方升起。

（2）负数大于正数。

结论：这些事情我们事先肯定它一定不会发生，这样的事件称为不可能事件。

（四）抛硬币

如果我们将枚一元硬币向上抛起，然后让它自然下落到地面，国徽面一定朝上吗？

问题设计：

（1）从商店买的饮料中奖。

（2）掷一枚骰子，掷出 3 点。

结论：一件事情我们事先无法肯定它会不会发生，这样的事件称为随机事件。

处理方式：抽牌活动师生互动，掷骰子和抛硬币由学生自己操作，再得出结论。通过例子总结特点得出三种事件的概念。

（回顾课堂引入设置的问题，紧扣本节内容）

设计意图：通过生活中常见的游戏直接引入问题，激发学生的求知欲，并利用生活中的问题与课本的知识相衔接，让学生体会数学来源于生活。使学生在有趣的问题中体会确定事件和不确定事件（随机事件），提高学生学习数学的兴趣，使学生积累丰富的数学活动经验，让学生感受到数学和实际生活的联系，而且环环相扣。

（五）小组竞赛——积累分数

一共 8 组题，三个判断事件类型题，三个举例题，两个运气题。

规则：每小组有两个选择机会，回答正确得 10 分。选择你喜欢的水果，回答相应的问题，并说明理由。

课件展示（通过随机选择自己喜欢的水果，回答水果对应的问题）。

苹果：请举出一个随机事件。

香蕉：任意选择电视的某一频道，它正在播动画片。

草莓：奖励 20 分。

橘子：在地球上，抛出的篮球会下落。

梨子：请举出一个必然事件。

西瓜：请举出一个不可能事件。

桃子：不好意思，你们运气不太好，要扣 20 分。

杨梅：盒子中有 10 个红球，摸到白球。

设计意图：小组竞赛调动学生学习的积极性，培养学生的竞争意识，并巩固知识。生活中有很多确定事件和随机事件的例子，通过举例，让学生进一步体会数学来源于生活。

（六）探究：随机事件发生的可能性是有大小的

1. 转盘游戏（图 4 – 3 – 1）

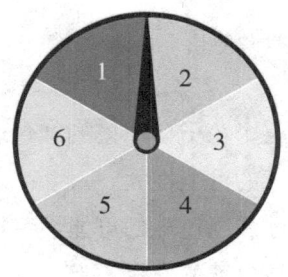

图 4 – 3 – 1

转盘游戏：教师先向学生展示讲解游戏规则，然后找两组学生展示。

问题设计：

（1）你是如何决定继续转转盘还是停止转转盘的？

（2）在转转盘游戏中，如果前面转出的数字和已经是 5，你是决定继续转还是决定停止转？

（3）如果转出的数字和已经是 9 呢？

（4）这个游戏说明了什么？

结论：一般地，不确定事件发生的可能性是有大有小的。

设计意图：通过转转盘游戏，让学生体会不确定事件的结果会存在这样或那样的可能性，而这种可能性是有大小的；让学生自己在游戏中发现知识，总结知识，这样学生接受知识会更快、更自然、印象更深刻。

2. 摸球游戏

甲箱中有 10 个红色球，乙箱中有 10 个绿色球，丙箱中有红色球、绿色球球共 10 个且数量相等（图 4 - 3 - 2），且三个箱子中所有的球除颜色外，其他完全相同。

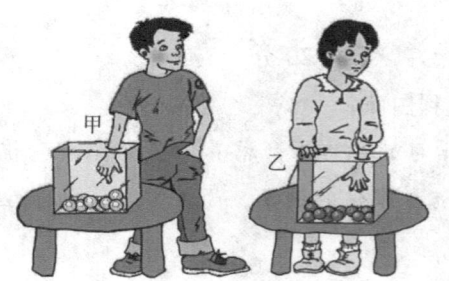

图 4 - 3 - 2

每个箱子抓五次球，记录下颜色。

问题设计：

（1）每个箱子摸五次，三个箱子摸球摸到红色球的次数一样吗？

（2）哪个箱子摸到红色球的可能性大？

（3）在丙箱中摸到红色球和绿色球的可能性一样大吗？

（4）若有丁箱，红色和绿色球的数量不等，那么摸到红色球的可能性与摸到绿色球的可能性一样吗？

设计意图：进一步让学生理解确定事件与随机事件发生的情况，体会随机事件发生的可能性是有大小的；游戏简单易懂，更直观地加深学生对本节知识点的理解，也为上好下一节课做铺垫。

【课堂总结】

活动内容：师生共同回顾新知探究的整个过程，互相交流总结本节的知识点（梳理知识点）：

（1）理解确定事件与随机事件。

（2）知道随机事件发生的可能性有大有小。

（3）合理运用所学知识分析解决相关问题。

设计意图：让学生练习归纳总结，起到查缺补漏的作用。

【教学反思】

1. 准确定位学习起点，保证学生有效起步。结合初一学生活泼好动、爱发言、爱表现的性格特点，让学生充分实验、收集数据、分析讨论，在直观形象感知的基础上得出结论。学生分组合作是完成本节内容的关键，因此应注意激发和调动学生的积极性，保证良好的课堂效果，也为下面的学习做好知识和心理上的铺垫。

2. 相信学生，为学生提供展示自我的平台。精心设计活动和提问，引导学生学习生活中的数学，并创造性地使用教材。教材只为教师提供了最基本的教学素材，教师完全可以根据所教学生的实际情况对教学内容进行适当调整。布置学习任务时，以组为单位，相信学生能够做好，从而增强学生自主学习的能力。

3. 注意改进，不断提高。在这种开放性的游戏活动中，学生热情高涨，时间要把握好，课前准备要充分，否则会影响整体课堂效果。另外，应对学生"动"起来后发生的各种令教师始料不及的问题，教师要不断地提高业务水平与课堂应对技巧。

4. 提前预设，做好充足准备。对于实验操作类活动，教师要考虑全面，对课堂中出现的特殊情况要加以利用，将特殊情况转化为上课的素材。

七年级上册第二章《有理数乘法符号规律的应用——翻牌游戏》教学案例

九江市第十一中学　熊巧闵

【教材分析】

本节课是一堂数学实验课，安排在《有理数的乘法》之后，让学生进行翻牌游戏，使学生经历"实际问题—建立数学模型—应用已有知识解决问题"的过程，学会运用有理数乘法符号的规律来解释翻牌游戏中的数学道理。趣味的翻牌游戏，可以激发学生的学习热情和探求欲，也可以在游戏过程中渗透数学建模思想，引导学生从数学的角度观察、分析问题，增强学生的问题意识和自主探究意识，使学生体会数学的魅力和价值。本实验改编于"翻杯子游戏"，与拉灯问题、翻硬币问题等都是类似的，具有一定的数学文化背景，在课堂中可以适当地进行拓展提高，从而在拓宽学生视野的同时锻炼学生的学习能力，增强学生对知识的应用能力。

【学情分析】

七年级的学生的思维以感性思维为主，但七年级学生已具备初步的观察、分析、推理、总结的数学能力。学生学完有理数的乘法后，总结了有理数乘法符号的规律，知道了积的符号由负因数的个数决定。在活动的探究过程中教师要注重引导学生通过实验现象去发现、总结规律，把翻牌游戏中的数学道理与有理数乘法符号的规律联系起来，培养学生的数学应用意识和能力。

【教学目标】

1. 引导学生感受和体会有理数符号和有理数乘法的作用，加强学生对有理数乘法符号规律的认识和掌握，使学生学会运用有理数乘法符号的规律来解释翻牌游戏中的数学道理。

2. 通过翻牌游戏的探究过程，培养学生发现问题、提出问题、分析问题、解决问题的能力，让学生尝试把实际问题转化为数学问题，学会从数学的角度看事物，用数学的思维方式去思考，用数学知识解释生活中的现象，渗透数学建模思想和转化思想。

3. 通过进行翻牌游戏，渗透数学文化，激发学生的学习兴趣，培养学生自主探究的学习方式，加强学生主动与他人合作交流的意识和能力，让学生积累数学活动经验，感受数学思维的条理性和严密性，体会发现、运用数学知识的乐趣。

【教学重难点】

1. 重点：体会有理数符号和有理数乘法的作用，加强学生对有理数乘法符号规律的认识和掌握；运用有理数乘法符号的规律来解释翻牌游戏中的数学道理。

2. 难点：引导学生把翻牌游戏中的数学道理与有理数乘法符号的规律联系起来，让学生把实际问题转化为数学问题，渗透数学建模思想和转化思想。

【教学过程】

课前准备：学生四人一组，均衡搭配，每组准备一副扑克牌。

（一）复习有理数乘法符号的规律

判断下列各式积的符号，并说说你是怎么判断的。

（1）$(-1) \times 1 \times 1 \times 1$。

（2）$(-1) \times (-1) \times 1 \times 1$。

（3）$(-1) \times (-1) \times (-1) \times 1$。

（4）$(-1) \times (-1) \times (-1) \times (-1)$。

设计意图：复习巩固有理数乘法符号的规律，引导学生把翻牌游戏与有理数符号联系起来，同时为下面解释翻牌游戏中的数学道理做知识铺垫，培养学生的数学应用意识。

（二）引入翻牌游戏

游戏1：同学们，今天我们来玩一个翻牌游戏，游戏的规则是这样的：准备7张扑克牌，如图4-3-3所示，全部反面朝上放在桌上，每次翻3张牌（包括已经翻过的牌），你能否经过若干次翻牌将所有的扑克牌都变为正面朝上？（翻牌是指使这张牌由一面朝上变为另一面朝上）

图4-3-3

学生活动：分小组进行实验操作和讨论，组员分工，所有人都参与实验，记录每次翻牌的过程。

课堂预设：学生需要一些时间进行思考、操作。不难发现是可以将所有的扑克牌都变为正面朝上的，再请学生进行实际演示。

游戏2：同学们，现在我们换一种玩法，这次的游戏规则是这样的——准备7张扑克牌，全部反面朝上放在桌上，每次翻2张牌（包括已经翻过的牌），你能否经过若干次翻牌将所有的扑克牌都变为正面朝上？

学生活动：分小组进行实验操作和讨论，组员分工，所有人都参与实验，记录每次翻牌的过程。

课堂预设：这时学生经过长时间的反复操作都没有成功（如果有学生成功了，应该是其某次操作没有按要求进行，可以让其演示，大家来纠正），但是又不敢肯定到底能不能，或者学生猜测是不能的，但是不清楚原因，接下来进入活动三，引导学生探究翻牌游戏中的数学道理。

设计意图：通过游戏1和游戏2的探索过程，让学生发现问题，对实验结果产生强烈的探究欲望。在游戏过程中，学生变被动学习为主动参与，通过观察、操作、分析、总结来发现数学规律，培养探究能力，加强主动与他人合作交流的意识和能力；根据实验现象猜想数学结论，感受数学的趣味性和魅力。

（三）探究翻牌游戏中的数学道理

同学们，为了方便我们发现翻牌游戏的规律，探究翻牌游戏中的数学道理，现在我们从简单的游戏情境开始探究。

游戏3：如图4-3-4所示，准备3张扑克牌，全部反面朝上放在桌上，每次翻2张牌（包括已经翻过的牌），你能否经过若干次翻牌将所有的扑克牌都变为正面朝上？

图4-3-4

学生活动：分小组进行实验操作和讨论，组员分工，所有人都参与实验，记录每次翻牌的过程。

课堂预设：经过思考和操作，大部分学生可以发现每次翻牌后的有效操作结果都是2正1反，所以3张翻2张是不能将所有的扑克牌都变为正面朝上的，但是对于为什么会产生这样的结果学生可能只有模糊的想法。

设计意图：探究简单的游戏情境，让学生更容易入手，感受在游戏中学习数学的乐趣，增强学习数学的信心；同时通过前后对比更容易发现规律，为探究翻牌游戏中的数学道理打下良好的基础。

游戏4：如图4-3-5所示，准备5张扑克牌，全部反面朝上放在桌上，每次翻2张牌（包括已经翻过的牌），你能否经过若干次翻牌将所有的扑克牌都变为正面朝上？

图4-3-5

学生活动：分小组进行实验操作和讨论，组员分工，所有人都参与实验，记录每次翻牌的过程。

课堂预设：经过游戏4的探究过程，学生会发现每次翻牌后总会有1张或3张牌是反面，对比游戏3，不难得到结论：5张翻2张也不能将所有的扑克牌都变为正面朝上。在游戏过程中教师可以鼓励学生思考其中的数学道理，此时可能有少部分学生有了自己的理解和解释。

设计意图：让学生对比游戏3和游戏4的探究过程和结论，发现翻牌游戏的规律，为学生尝试解释翻牌游戏中的数学道理提供素材，同时在数学实验中积累探究的方法和经验，引导学生从数学的角度看事物，用数学的思维方式进行思考。

回到游戏2：
7张翻2张能不能将所有的扑克牌都变为正面朝上？为什么？

学生活动：思考并交流讨论。

课堂预设：经过前面的游戏过程，再结合实验操作，会发现每次翻牌后都会有奇数张牌是反面，学生容易类推得到结论：7张翻2张不能将所有的扑克牌都变为正面朝上。学生的理由可能有以下几种：

理由1，像3张、5张、7张这样奇数张牌每次翻2张，最后总会剩下1张牌翻不过来，不能通过偶数次翻牌可以翻完奇数张牌。

理由2：将正面朝上记为1，反面朝上记为0，初始状态（全部反面朝上）

为 0（7 个 0）；最终状态（全部正面朝上）为 7（7 个 1）。每次翻两张牌，存在以下三种情形：

（1）将两个 0（反面）变成两个 1（正面），这就相当于"加 2"。

（2）将两个 1 变成 0，相当于"减 2"。

（3）将一个 1 变为 0，同时又将另一个 0 变成 1，这是"减 1 又加 1"，保持不变。

这样的数学化之后，翻一次牌只能产生两种有效操作："加 2"和"减 2"。于是，原问题就可以这样解释：将初始状态"0"转变为最终状态"7"，不管是"加 2"还是"减 2"，都只能按偶数"改变"。从 0 开始，按偶数改变，不可能变成奇数 7。

如果学生没有想到理由，就直接进入下一环节，由教师引导学生思考。

设计意图：解答游戏 2 的问题，并对比游戏 3 和游戏 4 的结论，让学生进一步体会翻牌游戏的规律，并尝试通过交流合作来解释翻牌游戏中的数学道理，培养学生积极思考的习惯，加强学生推理、验证的能力，使学生学会把实际问题数学化。

意义相反的量：正面朝上和反面朝上是两个相反的意义，在数学中我们可以用什么来表示意义相反的量呢？结合意义相反的量，能不能用有理数乘法符号的规律来解释翻牌游戏中的数学道理呢？

学生活动：学生思考并交流讨论。

课堂预设：容易想到用正负来表示意义相反的量，结合本题的提示，将正面朝上记为 +1，反面朝上记为 -1，计算所有牌朝上一面的数的乘积。那么将一张牌翻动一次相当于将一个数变成它的相反数，同时翻动偶数张牌，相当于改变了偶数个因数的符号，积的符号不变；同时翻动奇数张牌，相当于改变了奇数个因数的符号，积的符号会变。所以像 3 翻 2、5 翻 2、7 翻 2 这样的翻牌游戏，初始乘积都为 -1，每次翻 2 张牌相当于改变 2 个因数的符号，是不可能把乘积变为 +1 的，因此这些翻牌游戏都不能将所有的扑克牌都变为正面朝上。

设计意图：从游戏回归数学知识，引导学生运用有理数乘法符号的规律来解释翻牌游戏中的数学道理，培养学生从数学的角度去观察、分析实际问题并总结规律的能力，使学生体会数学建模思想和转化思想。

任意奇数张牌翻 2 张能不能将所有的扑克牌都变为正面朝上？为什么？

任意奇数张牌翻偶数张能不能将所有的扑克牌都变为正面朝上？为什么？

学生活动：思考并交流讨论。

课堂预设：任意奇数张牌翻 2 张或翻偶数张牌都不能将所有的扑克牌都变为正面朝上，因为奇数张牌全部反面朝上时，初始乘积为 −1，每次翻偶数张牌时相当于改变偶数个因数的符号，是不能把乘积变为 +1 的，因此这些翻牌游戏都不能将所有的扑克牌都变为正面朝上。

设计意图：鼓励学生制定其他多种游戏规则进行翻牌游戏，学会应用翻牌游戏中的数学道理来得出结论并进行解释，把游戏问题转化为数学问题，进一步体会数学建模思想。

（四）拓展提高

准备 m 张扑克牌，全部反面朝上放在桌上，每次翻 n（$m>n$）张牌（包括已经翻过的牌），你能否经过若干次翻牌将所有的扑克牌都变为正面朝上？

学生活动：思考、实验、交流讨论、总结规律。

课堂预设：经过前面的游戏过程和规律总结，学生意识到要对 m，n 的奇偶性进行讨论：当 m 为奇数，n 为偶数时，由游戏 3 可知不能把牌全部变成正面朝上；当 m 为奇数，n 为奇数时，初始乘积为 −1，每次翻奇数张牌时相当于改变奇数个因数的符号，那么适当翻牌可以使 −1 变成 +1，这样就可以把牌全部变成正面朝上；同理当 m 为偶数，n 为奇数或偶数时，也可以把牌全部变成正面朝上。

设计意图：通过本活动的归纳总结，向学生渗透分类讨论和数学建模的思想方法，提高学生的数学素养，培养学生良好的数学思维品质；让学生感受应用数学知识解决实际问题的过程，体会数学的魅力与价值。

【课堂总结】

通过本节课的学习，你巩固了哪些数学知识和数学方法，有什么数学感悟？

学生活动：回顾本节课的学习，进行交流讨论，感悟收获。

课堂预设：

（1）巩固了对有理数乘法符号规律的认识和掌握，并学会运用它来解释翻牌游戏中的数学道理。

（2）本节课运用了分类讨论、转化和数学建模的思想方法。

（3）简单的数学知识有不简单的运用，要学会从数学的角度看事物，灵活运用数学知识和思想方法来解决实际问题。

设计意图：从知识、方法、感悟三个方面引导学生归纳本节课的内容，总结自己的收获，培养学生的语言表达能力和归纳总结能力；引导学生内化数学知识和思想方法，提高学生独立思考解决问题的能力与探究创造的能力。

【教学反思】

本实验翻牌游戏是有理数乘法符号的规律在实践活动中的运用，通过数学实验，培养学生自主、合作、探究的数学学习方式，使学生经历操作、猜想、推理验证的过程，让学生学会用数学的眼光看事物，用数学的思维方式去思考问题，体会数学建模思想。

在引导学生探究翻牌游戏中的数学道理时，想要让学生自己想到用有理数乘法符号的规律来解释翻牌游戏中的数学道理是不符合学生实际认知规律的，就是初次接触翻牌游戏的教师都很难想到，所以在实验前应先引导学生复习相关知识，然后循序渐进，从简单的游戏情境入手，逐步深入，让学生慢慢有自己的想法和见解，在实验过程中让学生积极思考、自主探究，形成自己的思路，再引导学生把有理数乘法符号的规律与翻牌游戏中的数学道理联系起来，学生就更容易接受了。

九年级上册第三章《探究 π 的估值》教学案例

九江市同文中学　熊雪景　钟敏

【教材分析】

《探究 π 的估值》是九年级上册"综合与实践"中《池塘里有多少条鱼》的活动之后的进一步活动，该教学活动可以让学生在合作探究的活动过程中，进一步体验数学的价值与学习的乐趣。学生通过"猜想实验—收集数据—分析结果"的探索过程，体验频率的随机性与规律性，丰富对随机现象的体验，了解用频率估计概率的合理性和必要性，培养随机观念，同时理解用频率估计概率的方法，渗透转化和估算的数学方法。

【学情分析】

本节课是学生已掌握圆的面积公式、正方形的面积公式和用频率估计概率的相关知识之后的一节数学活动课，旨在通过实验活动，激发学生学习的好奇心与求知欲，让学生体验数学的价值与学习的乐趣，教会学生用数学知识来解决实际问题，用数学思维来思考世界。

【教学目标】

通过实验，让学生经历"猜想实验—收集数据—分析结果"的实验过程，使学生会根据问题的特点，用统计来估计事件发生的概率，培养学生分析问题、解决问题的能力；在合作探究学习的过程中，激发学生学习的好奇心与求知欲，使学生体验数学学习的乐趣。

【实验目的】

通过做扔米粒实验，经过大量重复实验，计算随机事件发生的概率，感受现实生活中，当遇到试验的所有可能结果是无穷多的情况时，借助几何概型计算事件发生的概率。

【实验准备】

含内切圆的正方形纸片、米粒、计算器、笔。

【教学过程】

（一）情境引入

早在公元前 2 世纪，中国古算书《周髀算经》中就有"径一而周三"的记载，意即"$\pi = 3$"，这个数值显然不够精确。到了东汉，天文学家张衡通过"渐进分数"法，算出 π 为 3.162，和后世的刘徽、祖冲之相比，张衡的计算也不够精确，但却比印度和阿拉伯的数学家早了 5~7 个世纪！同学们，你们能不能用自己学过的知识也来估算一下 π 的值呢？

设计意图：引入张衡估算的 π 的值，既能激发学生的兴趣，又能简单直接地引入课题。

（二）研究如何实验得到 π 的值

问题设计：

（1）在一次实验中，如果每一个点落在区域 D 中都是等可能的，如果用 A 表示"实验结果落在区域 D 中的一个小区域 M 中"这个事件，那么事件 A 发生的概率是多少？

（2）一个边长为 $2a$ 的正方形及其内切圆，随机往正方形中投一粒米，落在圆内的概率是多少？

（3）你能根据刚才的结果设计一个实验活动来估算 π 的值吗？

问题预设：

（1）$P(A) = M$ 的面积$/D$ 的面积。

（2）$P(A) = $ 圆的面积$/$正方形的面积 $= \pi a^2 / 4a^2 = \pi/4$。

（3）能。

设计意图：以问题串的形式，引导学生设计实验来估算 π 的值。

（三）设计实验，获取数据

（1）准备一张正方形的白纸，并用黑色笔画出它的内切圆（图 4-3-6），准备一小盒米（课前准备）。

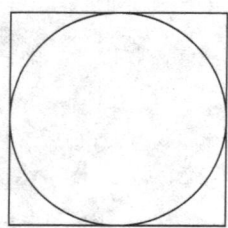

图 4-3-6

（2）随机撒一把米在白纸上，统计落在圆内的米粒数 m 和正方形内的米粒数 n，并计算出 m 与 n 的比值（表 4-3-1）。

表 4-3-1

落在圆内的米粒数 m	正方形内的米粒数 n	频率 m/n	n 的估计值

问题设计：

（1）m/n 与 π/4 是什么关系？

（2）为了提高 π 的精确度，你认为还可以怎么做？

设计意图：让学生明确实验的方法，了解一次实验的结果不够准确，只有通过多次实验，得到的数据才会稳定在 π/4 附近。

（四）学生分组进行实验

1. 具体实施方法

（1）五人一组，第一个人扔米，第二个人数 m，第 3 个人数 n，第四个人填表 4－3－2 并计算，第五个人计算 π 的估值。连续扔 10 次。

表 4－3－2

成员	一号	二号	三号	四号	五号
活动	扔米	数落在圆内的米粒数 m	数落在正方形内的米粒数 n	记录 m，n 的值并计算 m/n	估算 π

（2）组长带领组员分工合作进行实验。

①记录数据（表 4－3－3）

表 4－3－3

次序	落在圆内的米粒数 m	正方形内的米粒数 n	m/n 的值
1			
2			
3			
4			
5			
6			
7			
8			
9			
10			

②以"次序"为横坐标，以"m/n 的值"为纵坐标建立直角坐标系，并描点画图。

③小组讨论思考：在进行扔米实验时，扔米的总数是越多越好还是越少越好？

④根据表中数据填空：

a. 随机往正方形中投一粒米，落在圆内的概率估计是_____。

b. 半径为 a 的圆与边长为 $2a$ 的正方形的面积比是_____。

c. 由 $P = $ 圆的面积/正方形的面积 $= \pi a^2/4a^2 = \pi/4$ 得 π 的估值是_____。

⑤得出结论。

在同样条件下，大量重复实验时，随机事件发生的频率逐渐稳定在_____的附近，可以用这个常数估计这个事件发生的概率。在本次实验中所求的概率值实际是圆与正方形面积的比值，即_____，从而可以估计 π 的值。

设计意图：学生自主实践和分小组合作完成实验，能让学生经历数据得出的过程，积累一定的基本活动经验。

2. 思考与拓展

问题设计：生活中还有哪些问题可以通过类似的实验来解决？

设计意图：将实际生活和本节课的内容相结合，让学生各抒己见，既能让学生充分思考，也能让学生感受生活中数学无处不在。

3. 阅读相关史料

阅读材料，了解数学相关历史——蒙特卡罗方法及布丰的投针实验。

读一读：

蒙特卡罗方法是以概率和统计的理论、方法为基础的一种计算方法，它将所求解的问题与一定的概率模型相联系，用计算机实现统计模拟或抽样，以获得问题的近似解，因此又称为统计模拟法或统计实验法。作为一种计算方法，蒙特卡罗方法是由乌拉姆和冯·诺伊曼在 20 世纪 40 年代为满足研制核武器的需要而首先提出来的。

议一议：

把总的投针次数（相交的与不相交的次数之和）除以相交的次数，得到的商一定是圆周率的近似值。投掷次数越多，得到 π 的近似值越精确，这件事并非偶然，你能告诉大家其中的道理吗？

当针与直线相交时，必与其上的某一毫米处相交，而每一毫米最可能与直线相交的机会是相等的，它的次数应为全针与直线相交的最可能次数 k 的 $\frac{1}{10}$。

如果针上某一段长 $n\,\mathrm{mm}$，那么这一段与直线最可能相交的次数应为 $\frac{nk}{10}$，即最可能的相交次数和针的长度成正比。

需要指出的是，这个最可能的相交次数只与针的长度成正比，而与针的形状无关。例如，我们将 $10\,\mathrm{mm}$ 的针弯成两段，一段长 $x\,\mathrm{mm}$，另一段长为 $(10-x)\,\mathrm{mm}$，那么这两段最可能与直线相交的次数分别为 $\frac{xk}{10}$ 和 $\frac{(10-x)\,k}{10}$。这样，全针最可能相交次数仍为 $\frac{xk}{20}+\frac{(20-x)\,k}{20}=k$，即这个最可能相交次数与针的形状无关。当然，将针的形状弯成某种形状后，有时可能在针的某处都和直线相交，这时应把每一个交点都记作相交一次。

现在将针弯曲成一个圆形，假定这时针的粗细仍是均匀的，且圆的直径等于 $20\,\mathrm{mm}$，那么每投一次圆环总能和直线相交于两点（正好和两条直线相切也记作两个交点）。投掷 n 次，相交次数为 $2n$ 次。对于 $10\,\mathrm{mm}$ 的针，它最可能相交次数是 k 次。由于圆环的长是 $\pi\cdot20\,\mathrm{mm}$，等于针长的 2π 倍，所以圆环相交次数应是针最可能相交次数的 2π 倍，即 $2n=2\pi\cdot k$，由此可得

$$\pi=\frac{n}{k}=\frac{\text{投掷总次数}}{\text{相交次数}}$$

设计意图：拓展学习视野，为高阶段数学学习激发探索兴趣并做好实验铺垫。

【课堂总结】

1. 学生分享自己的收获：知识上的、经验上的、意识上的 ……

2. 教师提炼小结：这节课，我们一起经历了"猜想实验—收集数据—分析结果"的实验过程，初步学会了通过设计实验，计算事件的频率，用它来估计概率，从而估计 π 的值，同时获得了一些数学基本活动经验。在这个过程中，我们再次感受到数学对我们生活的帮助。达·芬奇说："数学是一切科学的基础。"所以，老师希望同学们学会用数学的眼光观察，用数学的思维思考，用数学的语言表达，并且用心去感受数学的实用性和科学性！

【教学反思】

本节课教师要深入小组，了解学生合作的效果、讨论的焦点、认知的进程等；注重学生的合作和交流活动，在活动中促进学生知识的学习，并进一步发展学生合作交流的意识和能力；注重引导学生积极参与实验活动，在实验中体会频率的稳定性，形成对概率的全面理解，发展学生初步的辩证思维能力；务必引导学生积极参与实验，使学生通过大量实验发现，实验频率并不一定等于概率，虽然多次实验的频率逐渐稳定于其理论概率，但也可能无论做多少次实验，频率仍然是理论概率的一个近似值，而不能等同于理论概率，两者存在一定的偏差。因此学生对概率的理解应是多方面的，应尽量让学生通过具体实验领会这一点，从而使学生形成对某一事件发生的概率较为全面的理解，初步形成随机观念，发展初步的辩证思维能力。

第四节 综合与实践

七年级上册综合与实践
《探寻神奇的幻方》教学案例

江西省九江第一中学 石芳芳

【教学分析】

《探寻神奇的幻方》是北师大版数学七年级上册"综合与实践"学习课题之一，是在学生学习了有理数及其运算、整式及其加减、一元一次方程之后，有了探究规律活动经验的基础上，以洛书三阶幻方为素材，进而探究三阶幻方的本质特征，是对一、二学段数字规律探究的延伸，是对数量关系符号化的进一步深入和拓展，是对人类智慧的数字化解读。该教学有利于帮助学生感受图形的对称，学会综合运用有理数运算的有关知识解决问题，感受一种全新的以自主探究为特色的学习方式，体验数形结合的思想，丰富数学活动经验。

在探究的过程中从洛书中呈现的三阶幻方这一特殊模型入手，转入对一般三阶幻方本质规律的探究，充分体现从具体到抽象的思考问题的方法和归纳的思想。从发现规律、认识规律到表达规律是教材的核心意图，本节课是认识所有幻方的基础，应用三阶幻方的本质规律构造三阶幻方应是本节课的基本要求和目标，探索的内容和方法具有一般性，是今后学习方程、函数等内容的基础，为高中学习算法初步、排列组合、统计概率等内容做了准备，为后续"综合与实践"课的学习提供思路。据此，确定本节课的教学重点：

（1）经历探究三阶幻方的本质特征的过程。

199

（2）学会构造三阶幻方的基本方法。

【教学目标】

1. 运用有理数运算探索三阶幻方的本质特征。

2. 经历观察、猜想、归纳、类比等活动，初步积累构造三阶幻方的经验。

3. 通过洛书的引入，了解中国优秀传统文化的价值，感受数学与生活的联系；通过探索幻方中蕴含的规律，感受类比、归纳、化归的数学思想，激发探究的积极性，培养合作精神。

【学情分析】

1. 学生知识基础：幻方是对数、字母表示数等知识的综合应用，前面学生已经学习了有理数及其运算、整式及其加减、一元一次方程等相关知识，对图形的对称性也有了初步了解，这使本节课探究幻方中数字背后的一般规律成为可能。

2. 学生活动经验：七年级学生正处在由合情推理初步向演绎推理过渡的阶段，小学时学生经历了找规律、推理、建模等专题活动的学习，初中阶段在探究日历中的数字规律时，又经历了由特殊到一般的过程，体会了代数推理的特点和作用，具备了探究规律的能力和初步的模型思想意识，这些都使学生为探究三阶幻方的本质特征做好了准备。

但七年级学生初次接触"综合与实践"课，部分学生对研究幻方本质规律的思路不清晰，对于从什么角度关注幻方中奇偶数的分布特点没有意识，对用9个连续自然数构造一个三阶幻方缺乏条理性的思考，操作时会有困难。

据此，我确定本节课的教学难点为探究三阶幻方的本质特征。

【教学策略】

本节课以猜数游戏为出发点，以洛书创设情境，以三阶幻方为载体，以探寻由1~9这9个数所构造的三阶幻方的本质特征为主线，重点探究1到9这9个数所构造的三阶幻方，采用"问题导学，引导发现"的教学方法，使学生经历观察、猜想、类比、归纳等一系列活动，通过观察尝试、动手实践、小组讨论、归纳类比等方法进行自主探究学习，感知数字规律，形成构造三阶幻方的策略，不断拓展思维，发展数感，培养创新意识和能力。

【教学过程】

基于对教材特点和学生情况的分析，我设计了如下教学环节，通过形式多样的课堂活动，进一步激发学生的学习潜能。

（一）猜数导入，初感神奇

同学们，你们能猜出表格中被遮盖住的数是几吗？（图4-4-1）

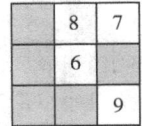 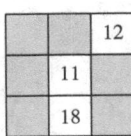 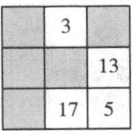

图4-4-1

猜数游戏：

当被遮盖的数——揭晓后，学生隐隐发现这些表格中隐藏着一定的规律。

游戏继续：

学生还在慢慢地猜被遮住的数，如图4-4-2所示。

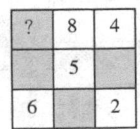

图4-4-2

师：同学们，老师可以立即给大家揭晓答案，它们分别是……（数依然被遮住，对于答案教师脱口而出）

生：老师好厉害（有人情不自禁鼓掌）！好神奇！一定有规律！

师：对，有规律，我们把这样的一些表格叫作幻方，本节课我们就一起来探究神奇的幻方吧！［板书课题《探寻神奇的幻方（一）》］

设计意图： 设计数字游戏，帮助学生初步感知此类数表中存在着一定的规律，激发学生进一步探究的欲望，为幻方的引入埋下伏笔。

（二）探究新知，再遇神奇

相传大禹治水时，发生了一件神奇的事情，洛水中浮现出一只神龟，龟背上一个神奇的图案给了大禹启示，这个图案被称为洛书。古人认为洛书是一种祥瑞，预示着抗洪救灾工作马上成功。

其实这些圈圈点点就是我们熟悉的 1~9 这 9 个数，如把龟背上的这些数填到表格中，你能发现什么？每行、每列、每条对角线上的三个数的和有什么特点？这其中蕴含着中国古代劳动人民的智慧，今天我们一起来探究这个方格表。

设计意图： 从一个故事引出洛书这一三阶幻方，体现了数学建模思想，使学生了解我国古代文化价值，感受数学与生活的密切联系。

问题 1： 观察方格表中的数字（图 4-4-3），你能发现什么？

4	9	2	=15
3	5	7	=15
8	1	6	=15

15　15　15　15　15

图 4-4-3

发现：（图 4-4-3）

问题 2： 下面的方格表（图 4-4-4）是否也有这样的规律？

9	4	5	=18
2	6	10	=18
7	8	3	=18

18　18　18　18　18

图 4-4-4

解答：（图 4-4-4）

再比如这样四行四列、五行五列的方格表（图 4-4-5）呢？

16	2	3	13	=34
5	11	10	8	=34
9	7	6	12	=34
4	14	15	1	=34

34　34　34　34　34　34

17	24	1	8	15	=65
23	5	7	14	16	=65
4	6	13	20	22	=65
10	12	19	21	3	=65
11	18	25	2	9	=65

65　65　65　65　65　65　65

图 4-4-5

幻方的概念：

像这样（图4-4-6）每行、每列、每条对角线上的数的和都相等的方格表就叫作幻方，三行三列的幻方就叫三阶幻方，类似的四行四列的幻方就叫四阶幻方，幻方里出现的相等的和就叫作幻和。

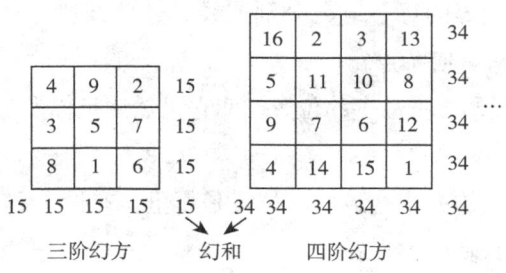

图4-4-6

设计意图：以洛书三阶幻方为起点，设置问题1、问题2，激励学生借助观察、类比、归纳等方法，去发现幻方中存在的恒等关系。

幻方的起源：幻方最早记载于春秋时期的《大戴礼》中，这说明我国人民早在至少2500年前就已经知道了幻方的排列规律。而在国外，直到公元130年，希腊人塞翁才第一次提出幻方。我国不仅拥有幻方的发明权，而且是对幻方进行深入研究的国家。我国数学家杨辉早在公元13世纪就已经编制出3~10阶幻方，我们为祖先的成就感到自豪！同时我们更应该传承先辈的探索精神。

判断，图4-4-7中的方表格是幻方吗？

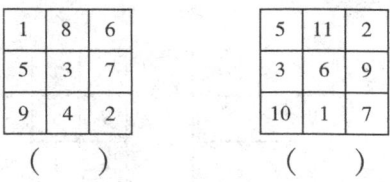

图4-4-7

发现：根据每行、每列、斜着的三个数的和是否都相等判断是不是幻方。

设计意图：引导学生利用发现的恒等关系进行尝试，让学生经历三阶幻方特征的内化过程，强化学生对幻方特征的认识，为后续探究三阶幻方的本质特征做好准备。

（三）动手操作，探寻神奇

议一议：观察图4-4-8中的三阶幻方。

（1）你能发现哪些相等的数量关系？每行、每列、每条对角线上的三个数之和分别是多少？

（2）如果把和相等的每一组数分别连线，这些线段会构成一个怎样的图形？它有何特点？

（3）你能否改变幻方中数字的位置，使它仍然满足你发现的那些相等关系？

2	9	4
7	5	3
6	1	8

图4-4-8

（4）在你构造的幻方中，最核心位置是哪里？有没有"成对"的数？

（5）你还有什么新的发现？

交流展示：

（1）每行、每列、每条对角线上三个数的和相等，都等于15（幻和）。

（2）构成如图4-4-9所示的图案，5在中间，四个角上的数是偶数，其余是奇数。

① 旋转法：中间数不变，外围数绕着中间数按顺时针方向旋转，每次旋转90°，第四次回到最开始的状态。

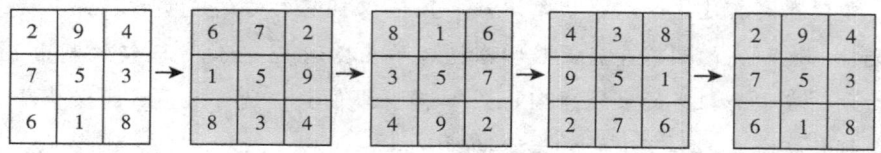

② 对称法：对称轴两边的数交换。

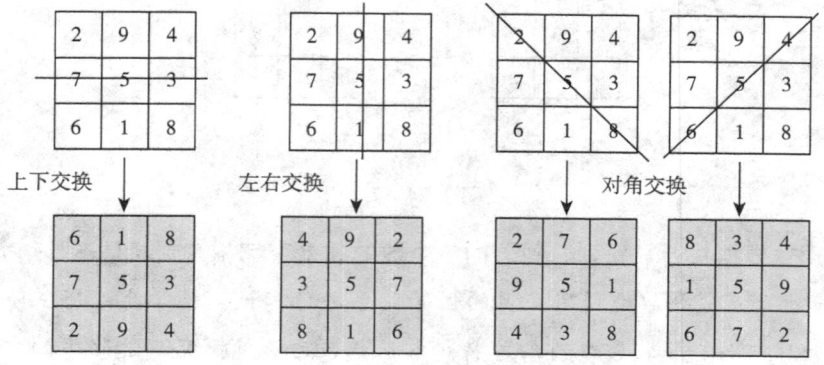

图4-4-9

（3）9 个数的中位数在幻方的中心位置。有"成对"的数。

（4）幻和为中位数（幻方中心数）的 3 倍。

（5）每对数的连线都过"中心"，每对数的和等于幻方中心数的 2 倍。

做一做：三阶幻方的构造方法一般有阶梯法（杨辉法）、黄蓉法等，下面同学们跟着老师一起来探寻吧，并运用你的探寻方法解决问题。

阶梯法："画格辅助，九子斜排，送子回家，清除辅助"

请按照下列操作，将 1，2，3，4，5，6，7，8，9 填入下列九宫格构造幻方（图 4－4－10）。

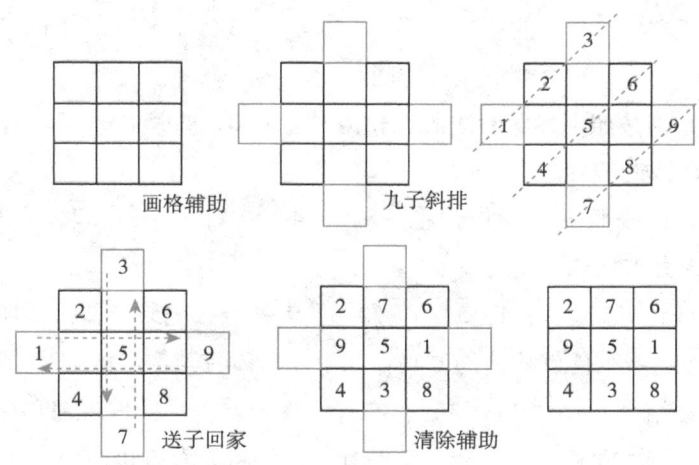

图 4－4－10

（1）请按照上述阶梯法的操作方法，将 2，3，4，5，6，7，8，9，10 填入九宫格构造幻方。

（2）请按照上述操作，将 －2，－3，－4，－5，－6，－7，－8，－9，－10 填入九宫格构造幻方。

（3）将 1，2，3，4，5，6，7，8，9 每个数先乘 3 后再加 2 得到一个新数列：5，8，11，14，17，20，23，26，29。新的数列能够构造幻方吗？如果能，请用阶梯法构造。

（4）结合（1）（2）（3）你有什么发现？将你的发现写出来。

黄蓉法："二四为肩，六八为足，左七右三，戴九履一，五居中央"

请按照下列操作，将 1，2，3，4，5，6，7，8，9 填入下列九宫格构造幻方（图 4－4－11）。

左肩		右肩
	中央	
左足		右足

2	9	4
7	5	3
6	1	8

图 4 - 4 - 11

①数按从小到大排序；②第二、四两个数分别放在"左肩""右肩"位；③第六、八两个数分别放在"左足""右足"位；④第七、三两个数分别放在剩下的"左""右"两空位，第九、一两个数分别放在剩下的"上""下"两空位；⑤最后第五个数放在最中间。

（1）请按照上述黄蓉法的操作方法，将 3，4，5，6，7，8，9，10，11 填入九宫格构造幻方。

（2）请按照上述操作，将 -3，-4，-5，-6，-7，-8，-9，-10，-11 填入九宫格构造幻方。

（3）将 1，2，3，4，5，6，7，8，9 每个数先乘 -3 后再加 2 得到一新数列，这个新数列能够构造幻方吗？如果能，请将其构造。

（4）结合（1）（2）（3）你有什么发现？将你的发现写出来，并构造一个幻和（每行之和、每列之和、每条对角线之和称为幻和）为 60 的三阶幻方。

设计意图： 通过这样的活动，帮助学生获得构造三阶幻方的基本方法，提高学生的实践能力，使知识的内化过程成为课堂的关键环节，增强学生的应用意识和创新意识；让学生对不断显现的规律不断加深感悟，从而引导学生关注构造三阶幻方的本质所在。

（四）学以致用，运用神奇

猜数游戏：这个数我们猜的是 1 有道理吗？现在你能说出剩下的几个数吗？

3	8	7
10	6	2
5	4?	9

8		4
?	5	
6		2

图 4 - 4 - 12

再看看图 4 - 4 - 12，它和我们刚才研究的 1～9 这 9 个数所构造的三阶幻方有什么不同之处呢？

设计意图：首尾呼应，通过类比，将所学知识进一步延伸，引导学生从化归的角度思考一般的三阶幻方之间的关联性，为构造三阶幻方提供了新的思路，学生在感受幻方奇妙无比的同时，学会了多角度解决问题的策略，实现了知识的迁移和学习能力的提升，体现了转化的数学思想。

在三阶幻方的九个空格中（图 4 - 4 - 13）填入 9 个数字，使得处于同一横行、同一竖列、同一斜对角线上的三个数的和都相等。按以上规则填写幻方中的数字，x 的值为_____。

4	$2x-1$	
3	x	
	1	$x+1$

图 4 - 4 - 13

设计意图：数形结合，将所学知识进一步延伸，引导学生在感受幻方奇妙无比的同时，学会用所学知识多角度解决问题，实现了学习能力的提升，体现了转化的数学思想。

（五）小结升华，总结神奇

（1）通过实践与探究，同学们认为三阶幻方有什么奥妙？

（2）对于幻方你还有什么猜想？

设计意图：此环节既是对知识的系统小结，又是对思想方法的小结，问题（2）为学生潜能的释放搭建了平台，给学生提供了大胆质疑的机会。

（六）知识拓展，欣赏神奇

幻方中蕴含着奇妙的数学美，因此吸引了很多人的关注。古人对幻方的研究取得了丰硕成果，也发现了一些巧妙的构造三阶幻方的方法。1977 年，纵横图（4 阶幻方）还作为人类的特殊语言被美国旅行者 1 号、2 号飞船带入太空，向广阔的宇宙中可能存在的外星人传达人类的文明信息与美好祝愿。同学们课下可以通过上网、查阅资料的方式了解更多关于幻方的知识，下节课我们继续探究。

知识拓展（图4－4－14）:

这个幻方铁板是我国数学史上应用阿拉伯数字的最早实物资料，也是元代西安接受阿拉伯文化影响的具体体现。笔者对这个幻方进行了仔细研究，发现这个六阶幻方不是普通的幻方，它还具有两个独特的性质。

安西王府——铁板幻方

陕西历史博物馆二楼展厅陈列着一块刻着印度—阿拉伯数码的铁板，这是1957年在西安东郊元代安西王府遗址出土的。经专家鉴定，它是一个六阶幻方。

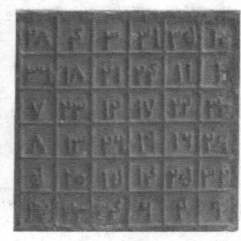

图4－4－14

设计意图：知识拓展符合"综合与实践"课学习方式的自主性与多样性，引导学生不拘泥于课本所学，积极查阅资料，不断拓宽知识面，进而激发学生的探究兴趣，培养学生求新求异的思维方式。

（七）幻方诗情，赞美神奇

数学使人灵敏，诗歌使人巧慧。在艺术中，与数学最接近的就是诗歌。许多数学家认为，不能在心灵上成为一个诗人就不能成为一位数学家。九宫图象是一首迷人的诗，它所具有的幻性十分丰富，其分布规律、结构关系，表现出惊人的和谐对称及整齐一律的美，并蕴含深奥的哲理思想，拓展了我们想象的空间，用它的数字结构进行诗歌艺术的创作，所创作成的每首诗歌宛如新生的绿树，盛开着文学艺术和数学理趣的并蒂花。下面节选两首供欣赏：

4	9	2
3	5	7
8	1	6

鸟语花香
四季九花二重开，
三杨五柳七处栽。
八哥一唱六鸟应，
九宫奇境仙人来。

8	3	4
1	5	9
6	7	2

英雄奇才
八方三才游四海，
一将五战胜九怪。
六女七拜杨二郎，
九宫奇才谁不爱。

设计意图：情感再次升华，感悟神奇，赞叹神奇，赞美神奇！

【教学反思】

本节课学生在多角度实践中不断亲身经历、不断积累经验，提高了质疑生成的能力，感受了图形的对称美，发现了三阶幻方的本质特征，形成了构造三阶幻方的策略，发展了数感，在自主探究和合作交流的过程中感悟了类比归纳、数形结合、分类讨论及化归等数学思想方法，增强了有条理地思考问题的意识，使每个学生都受到良好的数学教育，发展综合探究及实践能力。

七年级上册综合与实践
《制作一个尽可能大的无盖长方体》教学案例

九江市同文中学　倪修兰　钟敏

【教材分析】

本节课的学习对学生而言是一种新的学习方式，需要学生综合本学期所学的数学知识、技能与方法，通过解决问题的方式去获得对相关知识与方法的进一步理解，体会各部分知识之间的联系。对本课题的研究需要学生综合图形的展开与折叠、字母表示以及利用代数式的值去推断代数式所反映的规律等方面的知识和方法；同时，让学生经历实验、想象、分析、猜想、交流、推理和反思等过程。

【学情分析】

学生对简单几何体的侧面展开图、列代数式、代数式的求值和统计图的画法等知识已具有一定的认知水平，在学习过程中，经历了多次探索性学习，所以具备了一定的探索、研究能力，基本适应了自主学习、小组合作学习等学习方式，学习积极性高，为学习本节课打下了一定的知识以及能力基础。

【教学目标】

经历从实际问题抽象出数学问题—建立数学模型—综合应用已有知识解决问题的过程，体会数学知识之间的联系，在解决问题的过程中进一步丰富空间观念和符号感，通过借助已有的信息去推断事物变化趋势的活动，发展推理能力，获得研究问题的方法和经验，发展创新能力。通过获得成功的体验和克服困难的经历，增进应用数学的信心和意识。

【教学过程】

（一）认知介绍

1. 认识无盖长方体

同学们，你们知道长方体共有几个面吗？（6个）那么无盖长方体呢？（5个），你见过生活中的无盖长方体吗？请你举例说明。（学生举例后，多媒体展示）其实，生活中无处不存在无盖长方体模型，而且各有各的用途。

2. 展开

（学生展示）

从学生的认知结构出发，进行立体图形与平面图形的相互转化，让学生先想象，再剪一剪，画一画。

（二）实际操作

刚才我们把无盖长方体纸盒这个立体图形展开成平面图形，下面我们一起来探索、研究一下如何用一张正方形纸做一个尽可能大的无盖长方体。

1. 议一议，回答问题

首先请同学们议一议，回答如下问题：

（1）如果要用一张正方形的纸做一个无盖的长方体，你觉得应当怎样剪？怎样折？与同伴进行交流。

（2）剪去的小正方形的边长与折成的无盖长方体的高有什么关系？

学生以四人为一小组，亲自动手实践做一做，看哪一组首先得出制作方案。教师在学生思考和操作时巡视，鼓励学生全体参与，对有困难的小组给予帮助。

学生展示活动成果，然后在小组讨论的基础上，师生合作、归纳、总结。

2. 操作

（1）只要在四个角上同时剪去一样大小的四个小正方形，然后沿着虚线折叠便可得到一个无盖长方体。（图4-4-15）

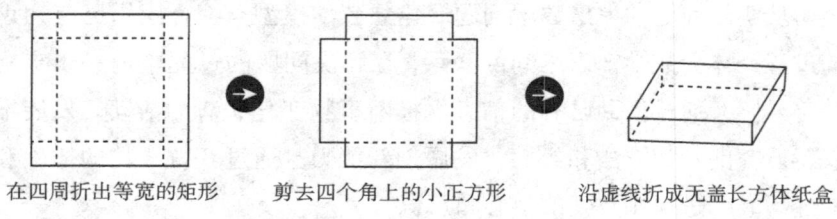

在四周折出等宽的矩形　　剪去四个角上的小正方形　　沿虚线折成无盖长方体纸盒

图4-4-15

（2）由图4－4－15可知，剪去的小正方形的边长与折成的无盖长方体的高相等。

（3）请你计算你所得的无盖长方体的体积，$V_{长方体}$ = 长 × 宽 × 高。

（4）为什么得到的容积大小各不相同呢？请你猜测一下无盖长方体容积与哪些量有关。（纸张大小、截去的小正方形边长大小）

（5）如果设这张正方形纸的边长为 a，所折无盖长方体的高为 h，你能用 a 与 h 来表示这个无盖长方体的容积吗？

如果设正方形纸的边长为 a，小正方形的边长为 h，即无盖长方体的高为 h，这个无盖长方体的底面是以（$a-2h$）为边长的一个正方形，记无盖长方体的容积为 V，则用 a 和 h 表示 V 为 $V = (a-2h)^2 h$。

（6）请同学们反思一下刚才的"议一议，回答问题"中用了前面学过的哪些知识。（展开与折叠、用字母表示数、列代数式，最关键的还是将这个实际问题转化成了数学问题）

（7）若给定正方形边长 $a=20$ cm，我们再来想一想随着剪去的小正方形的边长的增大，所折无盖长方体的容积将如何变化？（学生一起猜想）

（三）实践探究

算一算：用边长为 20 cm 的正方形纸按以上方式制作无盖长方体。

（1）如果剪去的小正方形边长按整数值依次变化，即分别取 1 cm，2 cm，3 cm，4 cm，5 cm，6 cm，7 cm，8 cm，9 cm，折成的无盖长方体的容积将如何变化？请你制作一个统计表（表4－4－1），表示这个变化状况。

表 4 - 4 - 1

小正方形的边长 h/cm	1	2	3	4	5	6	7	8	9
所折无盖长方体盒子的容积 V/cm³	324	512	588	576	500	384	252	128	36

（2）观察自己所做的表格，你发现了什么？与同伴进行交流。

（3）观察统计表，当小正方形边长取什么值时，所得的无盖长方体的容积最大？此时，无盖长方体的容积是多少？

当小正方形的边长即 h 开始增大时，无盖长方体的容积也在增大；从 h 增大到 3 以后，随着 h 继续增大，无盖长方体的体积逐渐变小。当小正方形的边

长 $h = 3$ cm 时，所得的无盖长方体的容积最大，最大容积为 $V = 588$ cm^3。

思考：是否截去边长为 3 cm 的小正方形后，使所制作的无盖长方体的体积最大呢？最大的在 2 ~ 3 范围还是在 3 ~ 4 范围？

先来看 $h = 2.9$ cm 时和 $h = 3.1$ cm 时：

$h = 2.9$ 时，$V = (20 - 2.9 \times 2)^2 \times 2.9 = 584.756$（cm）^{3}。

$h = 3.1$ 时，$V = (20 - 3.1 \times 2)^2 \times 3.1 = 590.364$（cm）^{3}。

从计算结果可以看出，$h = 3.1$ cm 时比 $h = 2.9$ cm 时算出的容积大。

当 $3 \leqslant h < 4$ 时，如果剪去的小正方形边长 h 按 0.1 cm 的间隔取值，折成的无盖长方体的容积将如何变化？请你制作一个统计表（表 4 - 4 - 2），表示这个变化状况。（可以使用计算器）

表 4 - 4 - 2

小正方形的 边长 h/cm	3	3.1	3.2	3.3	3.4	3.5	3.6	3.7	3.8	3.9
所折无盖长方体盒 子的容积 V/cm^3	588	590.364	591.872	592.548	592.416	591.5	589.824	587.412	584.288	580.476

从统计表中可以看出，当小正方形的边长取什么值时，所得的无盖长方体的容积最大？此时，无盖长方体的容积是多少？

计算结果可以看出，$h = 3.3$ cm 时算出的容积大。

因为要求的是无盖长方体的容积尽可能大，是不是这个题目还可以继续做下去？

由上面的探究过程不难发现在 h 取 3.2 到 3.4 之间的某一个数时可能得到容积最大的无盖长方体纸盒。（借助 Excel 完成探究过程，运用无限逼近的思想方法）学生通过计算机演算得出当 $h = 3.25$ 时，所得的无盖长方体的容积最大。

（四）拓展与延伸

1. 拓展

用长是 80 cm，宽是 50 cm 的长方形纸做一个无盖长方体纸盒，做出的纸盒的最大容积是多少？

过程：先探索用一张长方形的纸怎样制成一个无盖的长方体，在小组内合作交流；然后找到被剪去的小正方形的边长与无盖长方体的高相等的关系。设小正方形的边长是 h cm，则无盖长方体的容积 $V = h (80 - 2h) (50 - 2h)$ h

（cm³）。由此我们可以发现，h 的变化能够引起 V 的变化，所以我们取不同的 h 的值，就可以找到 V 的最大值。

结果：（1）当 $h = 20\text{cm}$ 时，$V = 20（80 - 40）（50 - 40）= 20 \times 40 \times 10 = 8000$（cm³）。

（2）当 $h = 5\text{cm}$ 时，$V = 5（80 - 10）（50 - 10）= 5 \times 70 \times 40 = 14000$（cm³）。

（3）当 $h = 15\text{cm}$ 时，$V = 15（80 - 30）（50 - 30）= 15 \times 50 \times 20 = 15000$（cm³）。

（4）当 $h = 10\text{cm}$ 时，$V = 10（80 - 20）（50 - 20）= 10 \times 60 \times 30 = 18000$（cm³）。

我们这样不断地去计算、发现，就可以找到无盖长方体的最大值。

2. 延伸

上面只考虑在正方形的四个角上各剪去一个同样大小的正方形且不用的情况。在制作过程中四个角的小正方形都没有用武之地，也就被浪费了。如果能使边长为 20cm 的正方形纸每一部分都不浪费，或许可以使无盖长方体的最大容积更大。如图 4 - 4 - 16 所示，将边长为 20cm 的正方形纸的两角剪下边长为 5cm 的小正方形 A，B；然后将 A，B 分别放在 C，D 的位置，就得到一个长为 15cm，宽为 10cm，高为 5cm 的无盖长方体，其容积为 $10 \times 15 \times 5 = 750$（cm³）。

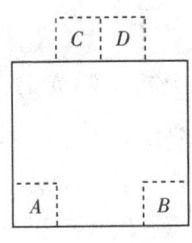

图 4 - 4 - 16

用一张长为 80cm，宽为 50cm 的长方形纸制成尽可能大的无盖长方体。

过程：在我们用剪去长方形四个角完全相同的四个小正方形，制成无盖长方体，通过讨论四个小正方形的边长的取值，尽可能获得比较大的无盖长方体的容积时，我们可以试着想一下，不按这种方法制成无盖的长方体是否可以使最大容积更大？例如，充分应用长方形的每一部分。

结果：我们不妨用下面两个设计方案（图 4 - 4 - 17）计算一下无盖长方

体的体积。

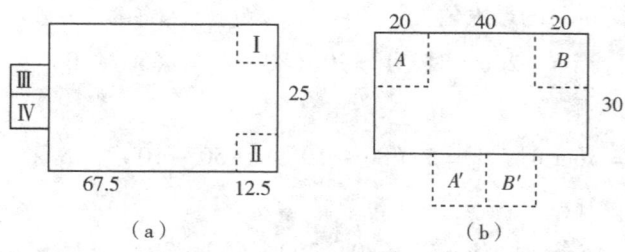

图 4 - 4 - 17

　　图 4 - 4 - 17（a）的设计方案是：剪去两个边长为 12.5cm 的小正方形纸中的 I，II，然后将它们粘贴到图 4 - 4 - 17（a）中 III，IV 的位置，便得到长为 67.5cm，宽为 25cm，高为 12.5cm 的无盖长方体。其容积为 67.5 × 25 × 12.5 = 21093.75（cm^3）。

　　图 4 - 4 - 17（b）的设计方案是：沿 80cm 的边的两端，剪下边长为 20cm 的小正方形。剪去图 4 - 4 - 17（b）的 A，B，然后将它们粘贴到图 4 - 4 - 17（b）中 A'，B' 的位置，便得到又一个无盖的长方体，其长为 40cm，宽为 30cm，高为 20cm，容积为 40 × 30 × 20 = 24000（cm^3），这一结果显然比前一个方案大，有没有更好的设计方案呢？还有待继续探索交流。

【课堂总结】

　　引导学生深入思考，理性地分析 V 随 h 的变化而变化；体会分割逼近的数学思想；启发学生通过收集有关数据、观察相关数据的统计图表得出更加准确、科学的结论；让学生通过观察体积变化的全过程，熟悉强化探究过程，形成整体认识，进行不完全归纳，把问题一般化，得出一般化结论。

【教学反思】

　　通过本节课的学习，学生进一步丰富了空间观念，体会到两变量之间的变化关系以及符号表示在实际问题中的应用，进而体验从实际问题抽象成数学问题、建立数学模型、综合应用已有的知识解决问题的过程，并从中加深对相关知识的理解，发展了自己的思维能力。教学中通过学生的操作、猜想、计算、观察、合作、想象、推理，培养学生主动探索、勇于实践、善于发现的科学精神以及合作交流的意识；通过课件形象直观地反映了两变量之间的关系。

八年级下册综合与实践
《平面图形的镶嵌》教学案例

九江市同文中学　晏婧

【教材分析】

"平面图形的镶嵌"是北师大版八年级数学下册"综合与实践"的内容，是在学生理解并掌握图形的平移、旋转及多边形的内角和与外角和等几何概念后，把数学知识应用于实际生活的一节实验课，该实验课体现了多边形在现实生活中的应用价值，也是开发、培养学生创造性思维的一个重要渠道。本节实验课将通过三个活动让学生在动手操作中经历探索多边形的镶嵌（密铺）的过程，知道任意三角形、四边形和正六边形可以密铺，并能运用这几种图形进行简单的平面镶嵌设计。

【学情分析】

初二的学生已经具有一定的生活经验，对现实生活中的事物有一定的空间感和想象能力。本节课来自学生的日常生活实际，学生一点也不感到陌生，因此兴致盎然。本节课需要学生在理解和掌握图形的平移、旋转及多边形的内角和与外角和等几何概念后，通过对几个平面图形的镶嵌问题进行研究，以活动为主线层层深入，在探究解决问题的过程中，让学生加深对正多边形的有关性质的理解，并把数学知识应用于实际生活，培养学生的实践能力和探究精神。

【教学目标】

让学生了解平面镶嵌的特点，会辨别一些能平面镶嵌的图形，创作平面镶嵌图案，并在自主探索平面图形镶嵌的过程中，经历观察、拼图、交流等活动，提高分析图形、合情推理的能力，发展图形观念，积累数学活动经验，培养审美情趣，体验在解决问题的过程中与他人合作的重要性，体验学习活动充满着探索与创造，体验学习带来的快乐。

【教学过程】

（一）实验目的

本实验力求突出数学综合与实践的特点，以问题为主线，以"图案欣赏─探究镶嵌─拓展应用"的模式展开教学，学生在动手操作、独立思考、小组合作的过程中积累数学经验、解决实际问题并掌握用一种多边形能够完成镶嵌（密铺）的规律。

（二）实验准备

多媒体、剪刀、硬卡纸、各种多边形卡片。

（三）实验内容与步骤

实验1：

请用一种正多边形绕着一个顶点铺满（图4-4-18），哪些图形可以，哪些图形不可以？分小组合作交流填写表4-4-3，总结规律。

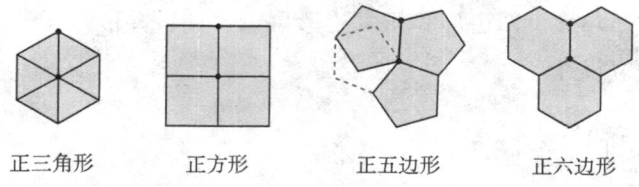

正三角形　　　正方形　　　正五边形　　　正六边形

图4-4-18

表4-4-3

实验结果	正 n 边形	内角度数	个数	能否镶嵌
	正三角形			
	正方形			
	正五边形			
	正六边形			

正多边形镶嵌规律：从拼接活动中可知，要用几个形状、大小完全相同的正多边形不留空隙不重叠地镶嵌一个平面，需使得该多边形多个内角之和等于360°，因此正多边形中只有正三角形、正方形和正六边形可以。

设计意图：在开放民主的学习氛围中，教师引导学生动手操作，利用剪刀和卡纸剪出大小形状完全相同的多个正多边形，绕着一个顶点进行密铺，然后在多媒体大屏幕上展示他们的成果。学生从拼图，很快得出正三角形、正方形、正六边形能够镶嵌，而正五边形不能。

实验 2：

用若干个边长相等的两种正多边形镶嵌（图 4 – 4 – 19），如何镶嵌可以绕一个顶点铺满？并设计表 4 – 4 – 4 整理。

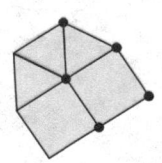 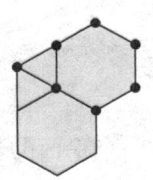 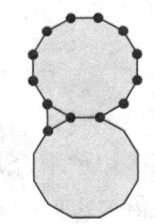

正三角形、正方形　　　正三角形、正六边形　　　正三角形、正十二边形

图 4 – 4 – 19

表 4 – 4 – 4

	序号	正多边形1	内角度数	个数	正多边形2	内角度数	个数
实验结果	组合一	正三角形			正方形		
	组合二	正三角形			正六边形		
	组合三	正三角形			正十二边形		

结论：两种边长相等的正多边形镶嵌原理为 $mx + ny = 360$（m，n 为正整数，x、y 分别为这两种正多边形内角度数）。

通过此式请思考还有其他利用两种不同正多边形镶嵌的方法吗？

设计意图：与实验1相比，实验2在数据的整理上存在难度，因此教师可依据一个顶点处正多边形的种类及个数设计表格，引导学生有序地对实验数据进行收集与整理，得出表格，并引导学生根据它们的共性，得到两种边长相等的正多边形镶嵌原理：$mx + ny = 360$（m，n 为正整数，x，y 分别为这两种正多边形内角度数）。

实验3：

各小组自主创作一幅正多边形镶嵌画。要求：可以用一种正多边形进行镶嵌，也可以用多种正多边形进行镶嵌；顶点可以是单一的，也可以是多样的。示例方案如图4-4-20所示。

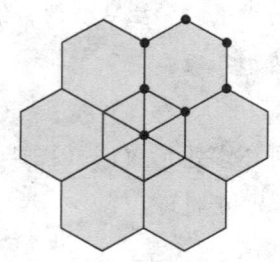

图4-4-20

实验结论：

由 n 种正多边形组合起来镶嵌成一个平面的条件：

（1） n 个正多边形中的一个内角的和的倍数是360°。

（2） n 个正多边形的边长相等，其中一个或 n 个正多边形的边长是另一个或 n 个正多边形的边长的整数倍。

【教学反思】

本课是典型的数学与现实生活密切联系的一节课。从生活的情境出发，以地板、墙面、服装图案的平面图形的镶嵌照片作为引例。本课主要设计了三个教学活动，让学生在有趣的情境中探究正三角形、正四边形、正五边形、正六边形的镶嵌，使学生的数学学习过程充满观察、实验、猜想、验证、推理与交流等丰富多彩的数学活动。本课充分体现了以学生为主体的思想，让学生体验学数学的乐趣，真正让学生在生活原型中做数学，经历数学；让学生学会实践操作，体验知识的产生过程。学生能在数学课堂上学会各抒己见，敢想、敢说、敢问，善于倾听其他组的同学的汇报，并能对结果作出合理的评价。这样既展示了学生的才能，使学生个性飞扬，又使整堂课异彩纷呈。

九年级上册综合与实践《池塘里有多少条鱼》教学案例

九江市十一中　杜丽

【教材分析】

概率是刻画事件发生可能性大小的量，概率的内容相对比较抽象，其中包含丰富的随机性以及随机中有规律的辩证思维，因此，概率的教学要特别重视组织学生开展数学实验活动，让学生在动手操作实验的过程中领会事件发生的随机性及概率模型的建立过程。

【学情分析】

对于城镇的学生而言，他们并不熟悉农村的生活，因而，对怎样估计鱼塘里有多少条鱼并不熟悉，但这个年龄段的学生思维活跃，可以通过启发使其思考可以通过什么手段去估计鱼塘里鱼的数量。但由于现实的原因，学生无法获得直接经验，但可以通过模拟实验获得间接经验，获得感性认识，并能通过归纳、整理，进行合情推理，再上升到理性认识。

【教学目标】

1. 知识与技能

（1）进一步体会概率与统计之间的联系，体会用样本估计总体的统计思想。

（2）结合具体情境，初步感受统计推断的合理性。

2. 数学思考

（1）数学怎样通过数学实验来估计总体。

（2）感受概率模型的建立过程。

3. 解决问题

（1）发展学生的统计意识，提高其解决实际问题的能力。

（2）形成解决问题的一些基本策略，体验解决问题策略的多样性。

4. 情感与态度

（1）学会与他人合作，并能与他人交流思维过程和结果。

（2）积极参与数学实验活动，对数学有好奇心和求知欲。

（3）初步认识数学和人类生活的密切联系以及数学对人类历史发展的作用，体验数学活动探索和创造的过程，形成数学的应用意识。

【教学重难点】

在对概率的教学中，概率模型的建立既是教学重点，也是教学难点，不应将教学的重点放在概率的计算上，而应通过数学实验让学生领会概率模型的建立及事件发生的随机性。

【教学过程】

（一）设置问题情境，导入新课

师：我来自农村，我的哥哥在老家承包了一块鱼塘，他每年春天都会在鱼塘里放养鱼苗，到临近过年就将这些鱼卖掉。但令他苦恼的是，年终不知道鱼塘里到底有多少鱼，也就无法向鱼贩提供较为准确的数量，以致影响鱼的价钱。现在又临近年终了，老家的鱼又到了该卖的时候，请各位同学帮我想想办法，估计出鱼塘里大约有多少鱼。

（二）学生思考并出主意

生：老师，我建议把鱼塘里的水全部放干，数一数就行了。

师：你这样做虽然很准确，但是成本是不是太高了。再者，鱼贩子还没有来，我们把鱼全捕完，鱼全死了，可卖不出好价钱！

生：在春天放养时，数清楚不就行了嘛！

师：是啊！好像是可以，但经过将近一年的时间，鱼可能死了不少，鱼的成活率有多少，还不太清楚。再者，还有上一年余下来的鱼怎么算呢？

生：我认为，可以捕一部分鱼，如一百条，然后做好记号，再放回去，过一天再捕一部分，如一百条，看看有多少条有记号的鱼，就可以知道鱼塘里到底有多少鱼了。

师：这个方法听起来似乎不错，但结果会不会有太大的误差呢？有什么办法去验证一下呢？

生：做个模拟实验就可以了。

师：好办法，那怎么进行模拟呢？

生：拿若干个白色的乒乓球和 20 个黄色的乒乓球代替就可以。

师：要买如此多的乒乓球似乎不现实，有其他替代品吗？

生：可用黑白两种围棋子。

师：很好，我们就用黑白围棋来模拟这个实验。

（教师拿出准备好的一袋白色围棋子和 20 个黑色围棋子）

师：现在我们用围棋子表示池塘里的鱼，其中的 20 个黑色的围棋子是我从鱼塘里捕上来并做好记号的鱼，现在让这些做好记号的鱼重回鱼塘。

（教师将黑色围棋子放入袋子白色围棋并充分搅拌，然后一名学生与教师合作，学生模拟再次从鱼塘里捕鱼，每次 5 条，教师则记录有记号的鱼的条数和捕上来的总条数，根据记录的结果，总计摸到的鱼有 100 条。（摸了 20 次，其中有记号的鱼共有 11 条）

师：你们现在能估计出鱼塘里的鱼到底有多少条吗？

生：可以。设鱼塘里鱼的总数为 x 根据 $\dfrac{\text{鱼塘里有记号鱼的数量}}{\text{鱼塘里鱼的总数}} = \dfrac{\text{捕上来有记号鱼的数量}}{\text{捕上来鱼的总数}}$，即 $\dfrac{20}{x} = \dfrac{11}{100}$，计算得出鱼塘里鱼的总数 $x = 182$ 条。

师：你这是计算得出来的，你能肯定鱼塘里就是 182 条鱼吗？

生：不能肯定，只能说是大约是 182 条。

师：现在我们来数一数这块鱼塘里到底有多少条鱼，看看计算结果与事实相差多少？

（教师计数结果，白色棋子 166 粒，黑色棋子 20 粒，共计 186 粒，误差 4 粒）

师：根据上面的实验结果，我们得出一个什么结论？

生 A：应该说，实验得出的概率不能等同于理论概率，但是非常接近。

生 B：我们可以用实验概率来估计理论概率。

师：回答得很好，但你们知道吗，如果为了使结果准确，我们在做实验时要注意什么？

生 C：每次摸球前，一定要把棋子搅拌均匀。

生 D：实验次数应该越多越好，如果太少，实验的误差就会更大。

师：说得很对，做模拟实验一定要注意这两点。一是要把棋子搅拌均匀，保证实验的可靠性，二是实验次数应该足够多，减少实验的误差，以保证实验的准确性。

方案一：实物模拟

（1）模拟给鱼做记号：将20粒黑色围棋子投到一个装有若干白色围棋子的不透明的小袋子中。

（2）模拟鱼在水中游的场景：将袋中棋子搅拌均匀。

（3）模拟捞鱼，并记下有记号鱼的数量：由学生每次摸出5粒棋子，并记下黑色围棋子的数量，然后全部放入袋中，搅匀，再重复这一过程，共计20次。

（4）模拟计算有记号鱼的比例：将第三步记下的黑色围棋子的数量和除以100（每次5粒，共计20次），计算出百分比。

（5）模拟计算鱼塘里鱼的总数：用黑色围棋子的总数（20）除以第四步得到的百分比，得到围棋子的总数。

（6）验证计算出的数据与实际数据的差异：将袋中的所有棋子全部倒出，数出棋子的总数。

方案二：计算器模拟

（1）甲、乙两人一组，用计算器产生随机数模拟摸鱼游戏。

（2）甲想好并在纸上记下一个鱼塘里鱼的总数以及做好了记号的鱼的总数，计算好有记号鱼的数量与鱼的总数的比例（$1:m$），但只告诉乙有记号鱼的数量与 m 的值。

（3）由乙用计算器产生100个范围在 $[0，m-1]$ 内的随机整数，数据100表示摸出100条鱼，随机数为0表示摸出的是有记号的鱼，由乙记下随机数是0出现的次数。

（4）乙用公式频率＝概率求鱼塘里鱼的总数，即随机数是0出现的次数：100＝有记号的鱼的总数：鱼塘里鱼的总数，从而计算出鱼塘里鱼的总数。

（5）比较乙计算出鱼塘里鱼的总数与甲记下的鱼塘里鱼的总数，比较这两者之间的差异。

（6）将100个随机数换成200个随机数重复上述做法，看看哪一种做法更接近真实数据。

（三）提出问题，学生分组讨论

师：峨眉山以猴子众多而闻名于世，你有什么办法估计峨眉山上猴子的数量吗？

（学生讨论，并回答）

生：可以先捕捉 100 只猴子，给这些猴子做上记号，再放回大自然，过一段时间再重新捕捉 100 只猴子，算出有记号的猴子的比例就可以得出峨眉山上猴子的数量了，计算方法与前面相同。

师：生活中还有没有其他需要用到类似办法的事件呢？

生：估计森林公园里鸟的数量也可以用这种方法。

师：很好，科学家们就是用这种方法估计一些濒危鸟类的数量的，还有没有？

生：估计藏羚羊的数量也可以用这种方法。

师：对，你们现在正在用科学家的思想在思考问题，很有科学家的风范。

（四）课堂反思

师：今天，我们感受了怎样估计鱼塘里鱼的数量，从今天这节课里，你得到了什么启示？

生：数学也可以做实验。

生：我们可以用样本数据去估计总体数据。

生：做实验应与同伴加强合作。

生：做模拟实验一定要注意两点，一是要把棋子搅拌均匀，保证实验的可靠性；二是实验次数应该足够多，以保证实验的准确性。

（五）课后思考

基本题：

（1）老张从自家鱼塘里打捞了 100 条鱼，发现其中有 5 条并非自己放养的家养鱼，而是野生鱼，他将这 100 条放回鱼塘，待鱼充分混合后，又从鱼塘里打捞了 50 条鱼，发现其中又有 4 条野生鱼，已知这个鱼塘总共有 3000 条鱼，试估计该鱼塘里大约有多少条野生鱼。

提高题：

（2）养鸭人在河滩边放养了一群鸭，但令他苦恼的是他不知道自己放养的鸭子的大致数量，他只知道可能是 1000 多只，也可能是 2000 多只，你能帮他解决这个问题吗?

【教学反思】

这节课不单单是让学生去玩,更重要的是让学生了解概率模型是怎样建立的。如果这节课仅从计算的角度去讲授,也许不到 10 分钟就解决问题了,但这会使学生错过了一个学习建立概率模型的良好机会。

在传统的观念中,学数学只需动脑,不必动手做实验。实际上,与其他自然科学一样,数学也要使用观察和实验来形成、发展及检验理论。数学实验与其他学科实验不同的是,它所面对的不是物质材料,而是图形、数据那样的非物质材料,也就是所谓的"思想材料"。

做模拟实验的目的是使学生掌握数学实验的基本思想和方法,即不仅把数学看成一种逻辑体系,而且把它视为一门实验科学,从问题出发,借助实验,使学生通过亲自设计和动手,体验解决问题的过程,从实验中去学习、探索和发现数学规律,从而达到解决实际问题的目的。

九年级上册综合与实践《制作视力表》教学案例

九江市同文中学　倪修兰

【教材分析】

本节课是北师大版数学九年级上册的"综合与实践"课,课题学习制作视力表以探究视力表中蕴含的数学知识,体会视力表的制作原理,进一步发展综合运用数学知识分析问题、解决问题的能力;借助制作视力表进一步理解相似图形及其相似比、位似图形、位似比等有关内容,这些与图形的平移,数据的测量、统计与物理学科中的凸透镜成像、视角等内容都有关系。学生通过对视力表的观察,充分挖掘视力表中所蕴含的相似图形、位似图形等丰富的数学知识,体会数学是一门基础学科,它与人类生活、自然社会的密切联系,从而增进对数学的理解和增强学好数学的信心。

【学情分析】

学生此前已完成"图形相似"与"图形位似"的学习，对"线段的比"也相当熟悉，在这样的基础上研究制作视力表，可以加深学生对知识的理解及综合运用。视力表是学生熟知的生活实例，教师借此可引导学生观察、分析生活现实和数学现实的相似现象，通过探究发现视力表的制作原理，激发学生研究应用数学知识的乐趣。

【教学目标】

通过探索视力表中蕴含的数学知识，发展学生综合运用数学知识分析问题、解决问题的能力，让学生进一步理解相似图形及其相似比、位似图形及其位似比等有关内容。通过讨论探索视力表中所蕴含的数学知识以及数据之间的关系培养学生的合作交流能力、独立思考的习惯和探索能力，让学生感受到数学活动充满着探索与创造，认识到数学与人类生活的密切联系。

【教学过程】

（一）创设情境，导入课题

"眼睛是心灵的窗户"，拥有一双明亮的双眼是我们每个人的心愿。视力表对我们来说并不陌生，但你想过视力表中蕴含着一定的数学知识吗？你知道是什么知识吗？本节课我们就来探索视力表中蕴含的奥秘。

（二）探究新知

活动一（全体活动）：

师：现在我们查视力时用的视力表通常是哪一种呢？

生：是由一组字母"E"（图 4 - 4 - 21）组成的视力表。

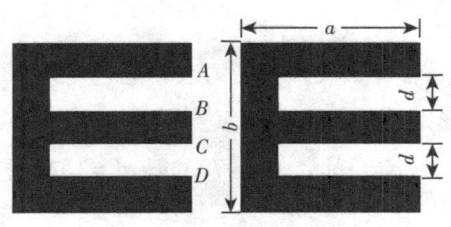

图 4 - 4 - 21

师：对，它是以能分辨"E"的开口朝向为依据来测定视力的。换句话说，它的测试依据是能否看清楚"E"的两个空白缺口（如图 4-4-21 中 AB，CD 两个缺口）。

下面以"标准对数视力表"为例，探索视力表中的奥秘。

1. 度量视力表

度量视力表中视力为 0.1，0.2，0.3，0.4，0.5，0.6，0.8，1.0，1.2，1.5，2.0 所对应的"E"的长 a，宽 b，空白缺口宽 d [图 4-4-21（右）]。请大家量视力表中的各个"E"，并填写教材上的表（表 4-4-5）。

表 4-4-5

视力	a/mm	b/mm	d/mm
0.1	72	72	15
0.2	36	36	7.5
0.3	24	24	5
0.4	18	18	3.8
0.5	14.5	14.5	3
0.6	12	12	2.5
0.8	9	9	1.9
1.0	7.2	7.2	1.5
1.2	6	6	1.3
1.5	4.8	4.8	1
2.0	3.6	3.6	0.8

2. 观察上表解答以下问题串

（1）你直观地发现了什么？

（2）这些数据之间有什么关系？视力表中的各"E"形图之间有什么关系？视力表中的各"E"形图之间有什么关系？

生：视力为 0.1 时，$a = 72$mm，$b = 72$mm，$d = 15$mm，可知"E"的长和宽相等。

视力为 0.2 时，$a = 36$mm，$b = 36$mm，$d = 7.5$mm，可知"E"的长和宽相

等，且 $72/2 = 36$，$15/2 = 7.5$。

视力为 0.3 时，$a = 24mm$，$b = 24mm$，$d = 5mm$，可知"E"的长和宽相等，并且 $72/3 = 24$，$15/3 = 5$。

视力为 0.4 时，$a = 18mm$，$b = 18mm$，$d = 3.8mm$，可知"E"的长和宽相等，且 $72/4 = 18$，$15/4 = 3.75$。因为测量时有误差，眼睛大致可以精确到 $0.1mm$，所以有 $15/4 \approx 3.8$。

由此可猜想：

视力为 0.5 时，$a = 72/5 = 14.5mm$，$b = 72/5 = 14.5mm$，$d = 15/5 = 3mm$。

视力为 0.8 时，$a = 72/8 = 9mm$，$b = 9mm$，$d = 15/8 = 1.9mm$。

视力为 1.0 时，$a = 72/10 = 7.2mm$，$b = 7.2mm$，$d = 15/10 = 1.5mm$。

视力为 2.0 时，$a = 72/20 = 3.6mm$，$b = 3.6mm$，$d = 15/20 = 0.75mm$。

由此可知，视力表中的各"E"形图都是长与宽相等的图形，如果把视力为 0.1 时的"E"形图作为基本图形，则视力为 0.2，0.3，…，2.0 时的"E"形图都与基本图形是相似图形。

设计意图：通过组织学生实际度量，并将各自的度量结果填在表格中，让学生在实际操作中，直觉地感知视力表中的奥秘，再通过小组的合作探究，发现 a，b，d 之间的关系，从而得知"标准对数视力表"中不同的视力所对应的"E"形图都与基本图形是相似图形，从而得出所有"E"形图都是相似图形。

活动二：

若一个视力表中的视力为 0.1 的"E"的长、宽都改为 60mm，空白缺口宽为 12.5mm，求视力为 0.2，0.3，0.4，0.5，0.6，0.8，1.0，1.2，1.5，2.0 时"E"的长、宽、空白缺口宽。

设计意图：此环节的目的在于及时反馈新课知识，使学生活学活用，加深巩固，为后续学习做好铺垫。

活动三：

我们已经对视力表中的各个"E"形图的长 a，宽 b，空白缺口宽 d 做了一番研究，并已得出它们之间的关系。接下来我们继续研究视力表，并根据研究结果自己制作一个视力表。

师：请大家按下列步骤进行操作。

（1）用硬纸板复制视力表中视力 0.1，0.2，0.3，0.5，1.0 所对应的

"E"，并依次编号为①②③④⑤。

取编号为①②的两个"E"，按图4－4－22的方式把它们放在水平桌面上。

图4－4－22

（2）如图4－4－23所示，将②号"E"沿水平桌面向右移动，直至从右侧点 O 看去，点 P_1，P_2，O 在一条直线上为止。这时我们说，当测试者位于点 O 时，在点 D_1 处用①号"E"测得的视力与在点 D_2 处用②号"E"测得的视力相同。

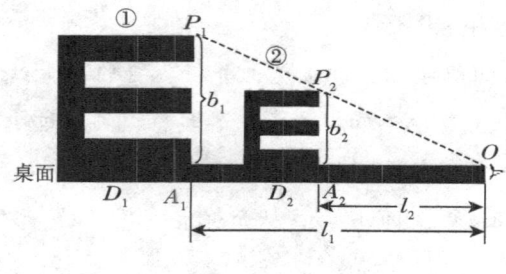

图4－4－23

师：从上图中你发现了什么？与同伴交流。

生：因为①号"E"与②号"E"都水平放在桌面上，它们与桌面的边缘是垂直的，所以 $P_1A_1 /\!/ P_2A_2$。又点 P_1，P_2，O 在一条直线上，所以 $\angle O$ 为公共角，根据相似三角形的判定方法，两角对应相等的两个三角形相似，得

$$\triangle P_1A_1O \backsim \triangle P_2A_2O，\text{所以} \frac{b_1}{b_2} = \frac{l_1}{l_2}，\text{即} \frac{b_1}{l_1} = \frac{b_2}{l_2}$$

师：从大家的分析中可知，当人离①号"E"的水平距离 l_1 与人离②号"E"的水平距离 l_2 满足 $\frac{l_1}{l_2} = \frac{b_1}{b_2}$ 时，用①号"E"测得的视力和②号"E"测得的视力相同。

（3）按照上述方式，将①～⑤各个"E"排列成如图4－4－24所示的样子。先自己猜想应得出的结论，然后和同学交流，并证明你的结论。

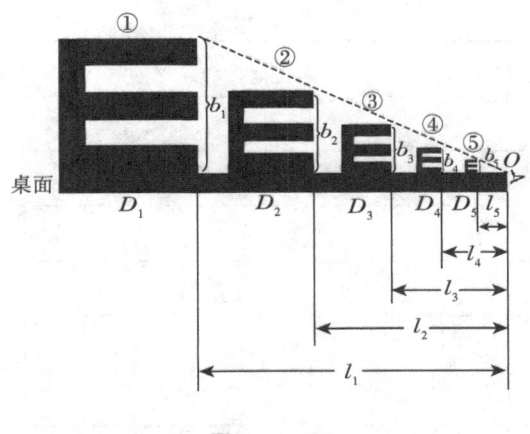

图 4 - 4 - 24

生：按照上面大家讨论的结果，可以猜想得出，在 D_1 处用①号"E"测得的视力，与在 D_2 处用②号"E"测得的视力、在 D_3 处用③号"E"测得的视力、在 D_4 处用④号"E"测得的视力、在 D_5 处用⑤号"E"测得的视力都相同。

经过论证可知结论的正确性。

根据刚才大家讨论的结论，我们可以据此自己制作视力表。

设计意图：通过制作"E"，探究图形间的规律，让学生在实际操作过程中发现图形间隐含的规律，从而得出结论，加以运用。

活动四：

制作一个测试距离为 3m 的视力表。

（1）由标准视力表中的 $b_1 = 72$ mm，l_1 为 5m，可计算出 $l_2 = 3$ m 时，根据 $\dfrac{b_1}{b_2}$

$= \dfrac{l_1}{l_2}$，得 $b_2 = 43.2$ mm。

所以应制作一个"E"形图，使得它的长与宽都是 43.2mm。

从上面的讨论结果看，视力为 0.1 的"E"形图与视力为 0.2 的"E"形图中的 a，b，d 间的关系，我们可以得出测试距离为 3m 的视力表中的①号"E"形图中的 d 为 9mm。

（2）确定了①号"E"形图后，就可以根据规律分别求出视力为 0.2，

0.3，…，2.0时的"E"形图的大小，见表4－4－6。

表4－4－6

视力	a/mm	b/mm	d/mm
0.1			
0.2			
0.3			
0.4			
0.5			
0.6			
0.8			
1.0			
1.2			
1.5			
2.0			

（3）由标准视力表中的各行"E"间的距离，相应地确定本视力表的行距。测试距离为3m的视力表就制作完成了。

【课堂总结】

1. 本节课学生自己动手，探索出视力表不同"E"形图之间的关系。

2. 探究发现了找视力相同的"E"形图的大小和它的落脚点的方法，并能据此自己制作视力表。

【教学反思】

本节课的目的是通过制作视力表，让学生探究视力表中蕴含的数学奥秘。教学过程中，建议运用填写表格法，寻找规律探究问题。因为表格可以在有限的空间放置大量的数据，而大量的数据可以让学生感知其中隐含的规律。教学主要采用小组合作探究的方式，学生间的合作决定了课堂进程的速度。

九年级下册综合与实践《设计遮阳棚》教学案例

九江市同文中学　晏婧

【教材分析】

本节《设计遮阳棚》是北师大版数学教材九年级下册"综合与实践"学习内容，也是新教材精心设计的教学素材，旨在使学生综合运用所学知识（如三角函数、圆、抛物线等数学知识及地理知识）解决生活中的实际问题，体会数学是一门具有广泛联系、十分有用的学科。本节课的重点是引导学生将复杂问题简单化，即舍弃一些次要的因素，抓住主要的矛盾，作出合理的假设，并在此基础上寻求最合理的答案。本节课还要求学生应用所学数学知识表示实际问题，进行数学计算或数学推理，得到数学结论，并能回到实际对结论进行检验。

【学情分析】

初三年级的学生已具备解决这类实际问题所需的相关知识，如三角函数、圆、抛物线等数学知识及地理知识，能比较熟练地运用数学知识解决一些现成的应用型问题。但学生在设计和调查的过程中存在较大的盲目性，如果没有教师的指导，那么对他们来说，"如何将生活中的遮阳棚抽象成几何图形、建立数学模型、提出符合他们现有的知识能力水平的数学问题"会是一件非常困难的事。因此教师要在跟踪了解中发现学生陆续提出的设想和问题，并在这期间反复磋商，了解学生各自的设计和调查情况，和学生共同研究如何将生活中的遮阳棚抽象成几何图形、建立数学模型，并进行深入研究。

【教学目标】

综合运用数学及其他学科知识，分析遮阳棚的设计原理，经历从实际问题抽象出数学问题—建立模型—综合应用已有的知识解决问题的过程，在解决问题的过程中进一步丰富空间观念和符号感；体会数学与生活的密切联系和数学的应用价值，以培养分析问题、解决问题的能力及探究、创新能力，并通过自主探究、合作交流获得成功的体验和克服困难的经历，增强应用数学的信心。

【教学过程】

（一）实验目的

探究不同情境下遮阳棚的设计方案。

（二）实验准备

三角尺、直尺。

（三）实验内容与步骤

1. 引入

（1）观察生活中的遮阳棚，它们的形状有哪些？有什么用途？

设计意图：让学生获得感官认识，充分激发学生兴趣，明确本次实验的研究内容是与生活息息相关的，引起学生的探究欲望。

（2）若在一座房前 3m 高的前墙上安装一遮阳棚（图 4 - 4 - 25），使正午时刻房前能有 1.5m 宽的阴影处以供纳凉；假设此地中午时太阳光与地面的夹角 α 恰为 60°，则遮阳篷至少需要多宽才能满足条件？

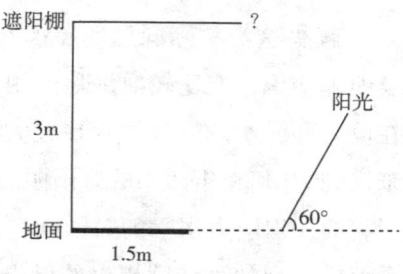

图 4 - 4 - 25

设计意图：该问题比较简单，引导学生从简单的遮阳棚设计入手，体会遮阳棚的设计过程要利用平行投影、解直角三角形等相关知识。

2. 探究

问题提出：假设某居民楼地处北半球某地，窗户朝南，窗户的高度为 $h$cm，此地一年中正午时刻，太阳光与地平面的最小夹角为 α，最大夹角为 β。请你为该窗户设计一个遮阳棚，使它既能最大限度地遮挡夏天炎热的阳光，又能最大限度地使冬天温暖的阳光射入室内（图4－4－26）。

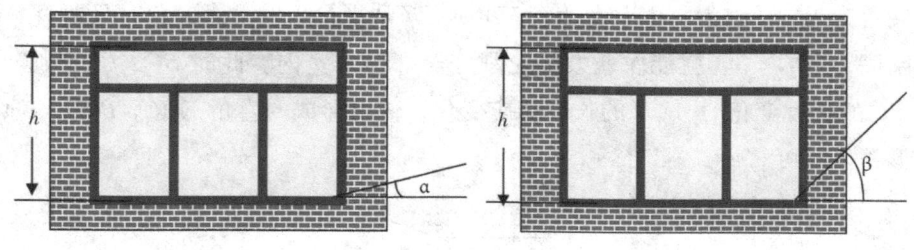

图4－4－26

建立模型：

（1）如果你来设计，建立模型时，你需要关注哪些因素？需要哪些数据？

（2）太阳光与地面的夹角是一成不变的吗？

（3）将实际应用问题转化为数学问题时，我们要抓住主要因素，所以我们应该选择一年中最有代表性的数据来解决问题，你们会选择什么时间的数据？

逐层分析：

如图4－4－27所示，AB 表示窗户（$AB = h$ cm），$\angle BCD$ 表示直角形遮阳棚。

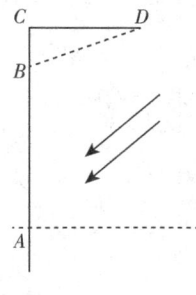

图4－4－27

（1）要让冬天的阳光最大限度地照室内，请思考以下问题：

① 阳光要最大限度地照进来，要照到_____处。

② BD 要与阳光_____，AB 处才能完全被阳光照到。

③ 此时 BD，CD 唯一吗？原因是什么？

分析：

如图4－4－28所示，当太阳光与地平面的夹角为 α 时，要想使太阳光刚好全部射入室内，那么遮阳棚的边 BD 必须和太阳光平行，即 BD 边必须与地平面的夹角为 α。又因为 $\triangle BCD$ 是直角三角形，CD 平行于地平面，此时只要直角形遮阳棚 $\angle BDC = \alpha$，就能保证太阳光刚好全部射入室内。此时 BC，CD 不唯一，当 BC 的长度变化时，CD 的长度相应变化，使得形成的直角三角形 BCD 与原三角形相似即可。

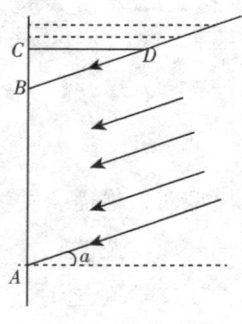

图 4 – 4 – 28

（2）要最大限度地挡住夏天的阳光（图 4 – 4 – 29），思考以下问题：

①要最大限度地挡住阳光，只能照到_____处。

②_____要与阳光_____，AB 才能完全不受阳光照射。

③此时 BD，CD 唯一吗？原因是什么？请在图中画出来。

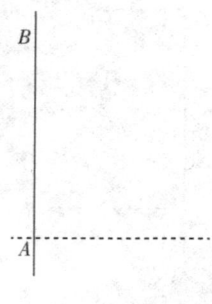

图 4 – 4 – 29

分析：

当太阳光与地平面的夹角为 β 时（图 4 – 4 – 30），要想使太阳光刚好无法射入室内，那么遮阳棚的边 AD 必须和太阳光平行，即 AD 边必须与地平面的夹角为 β。又因为 $\triangle ACD$ 是直角三角形，CD 平行于地平面，此时只要直角形遮阳棚 $\angle ADC = \beta$，就能保证太阳光刚好全部射入室内。此时 BC，CD 不唯一，当 BC

的长度变化时，CD 的长度相应变化，使得形成的直角三角形 $\triangle ACD$ 与原三角形相似即可。

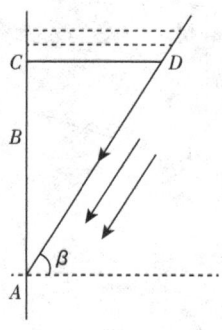

图 4 - 4 - 30

（3）两全其美。

①结合上面的思考探究，想想如何"夏天能最大限度遮挡阳光，冬天能最大限度使阳光射入室内"（图 4 - 4 - 31）。

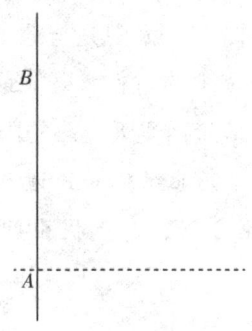

图 4 - 4 - 31

②此时 BD，CD 唯一吗？

③你能用含 h，α，β 的关系式分别表示 BC 和 CD 吗？请写出来。

分析：

如图 4 - 4 - 32 所示，在 $\text{Rt}\triangle BCD$ 中，$\angle BDC = \alpha$，则 $BC = CD \cdot \tan\alpha$ ①

在 $\text{Rt}\triangle ACD$ 中，$\angle ADC = \beta$，则 $AC = h + BC = CD \cdot \tan\beta$ ②

把①代入②得 $h + CD \cdot \tan\alpha = CD \cdot \tan\beta$ ③

解③得 $CD = \dfrac{h}{\tan\beta - \tan\alpha}$，因此在 $\text{Rt}\triangle BCD$ 中，$BC = CD \cdot \tan\alpha = \dfrac{h\tan\alpha}{\tan\beta - \tan\alpha}$

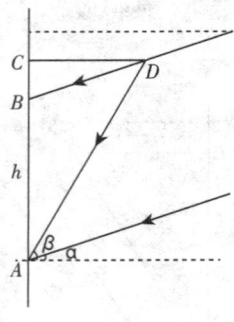

图 4 – 4 – 32

归纳结果：

该问题中，设计的遮阳棚应满足：

$$CD = \frac{h}{\tan\beta - \tan\alpha}; \quad BC = CD \cdot \tan\alpha = \frac{h\tan\alpha}{\tan\beta - \tan\alpha}$$

拓展应用：

就北半球的一个居民区而言，冬至这一天的正午时刻，太阳光与地平面的夹角最小。夏至这一天的正午时刻，太阳光与地平面的夹角最大。我们该怎样设计遮阳棚，才能使它运用尽量少的材料，既能最大限度地使冬天温暖的阳光射入室内，又能恰好最大限度地遮挡夏天炎热的阳光？

设计意图：引导学生自主探究北半球居民遮阳棚问题，通过与小组内的同学合作，对问题情境进行自主分析，自己提出问题后，从不同角度思考解决办法。

【课堂总结】

通过本课的学习，你有哪些收获？与同伴进行交流。

设计意图：让学生自己回顾本课的知识并进行总结和提炼，教师对重点予以强调和深化，这样既有利于学生系统地掌握知识，又锻炼了学生的语言表达能力，提高了学生的自主学习意识。

【教学反思】

本节课上，学生在已有的知识基础上，通过自己的探究思考设计遮阳棚，经历了从实际问题中寻找数学模型的过程，发展了分析问题、解决问题的能力，进一步丰富了对数学生活化的认识，提高了学习数学的兴趣。

在解决问题的过程中，学生经历将实际问题数学化，用所学数学知识表示实际问题，进行数学计算或数学推理，得到数学结论，回到实际进行检验的建模过程。把实际问题数学化时，教师要引导学生分析哪些量是已知的，哪些量是未知的，以及可以进行怎样的假设（如假设窗户的朝向等）；在建立量与量之间的关系时，要引导学生将复杂问题简单化，抓住主要矛盾，作出合理的假设，并在此基础上寻求最合理的答案（如以冬至和夏至的日照角度为准来考虑和解决遮阳棚的设计问题等）。

学生在合作交流的过程中，也培养了合作学习的能力和应用数学的能力。学生不断体会数学学习的价值，为后续的学习打下了良好的基础。

后　记

　　《追本溯源　一以贯之——基于"做中学"的初中数学实验教学课例研究》这本书的撰写历时 2 年，最终于 2022 年 8 月完成初稿。作为本书的主要编写者，我承担了约 11 万字的撰写工作量。

　　2004 年 7 月，我在第三届新世纪（版）初中数学全国实验区系列研讨会上执教了一节优秀展示课《皮克公式》。这是一节根据北师大版阅读教材改编设计的实验课，该堂课上，学生经历了由特殊到一般，由一维变二维，从一个全新的视角触碰到数学知识的本源、探索、验证的过程。自此，我便开始与初中数学实验教学结下不解之缘。

　　早期，国内对于数学实验的研究更多地出现在大学，受数学知识量不足、操作能力低等客观条件的限制，数学实验在初中阶段的起步相对较晚，而个人实践研究也仅仅停留在教材内为数不多的拓展素材设计上。直到 2017 年，我接触到了董林伟老师主编的《数学实验手册》，如获至宝。这本书给了我很大的帮助，使我更加确定了要编写一本与北师大版教材同步的数学实验教学案例集的目标。

　　2020 年，我成功申报了江西省教育科学"十三五"规划重点课题"基于'做中学'的初中数学实验教学课例研究"，两年来，作为一线中学教师的课题组成员立足于课堂，一方面努力学习相关理论知识及信息化操作技能；另一方面挖掘素材，精心设计，探索数学实践模式及典型教学案例，经过反复的实践提升、借鉴应用、归纳总结，共整理了 29 篇实验教学案例用于校本课程开展。

　　而今，我们将这些实验课案例及相关理论浅薄研究整理成册，呈现给大家，希望对初中数学实验课程的开展尽绵薄之力，时间仓促，难免纰漏，恳请读者批评指正。

本书在编写过程中，聘请全国优秀教师、正高级教师胡德喜为学科指导顾问，得到了九江市教育科学研究所胡雄华老师的指导，得到了九江市首批初中名师工作室主持人陶增元老师的大力支持，得到了九江市同文中学、九江市第十一中学的全力协助，在此表示感谢！

作 者

2022 年 8 月